Les enfants du silence

Pour dialoguer avec des enfants cachés ou avec d'autres lecteurs des *Enfants du silence*, visitez le site Internet de l'Association des enfants cachés mis à sa disposition par Radio France : **www.parolesetoiles.com**

ISBN : 2-7459-1011-6

Suzanne

Jean-Pierre Guéno

Les enfants du silence

Illustrations d'Olivier Latyk

Milan

Préface

72 000 enfants d'origine juive vivaient dans la « douce France » de la fin des années trente…

Leurs parents étaient français, polonais, hongrois, autrichiens, allemands, roumains, turcs, russes, italiens, grecs… Certains vivaient en France depuis très longtemps. D'autres avaient fui les persécutions, la montée du nazisme, les ghettos*, la misère de la grande crise… Ils avaient perdu leur patrie…

Leurs parents étaient souvent très pauvres. Bien sûr, certains étaient médecins, dentistes, fonctionnaires, bijoutiers, industriels, banquiers, avocats, professeurs, écrivains, mais la plupart appartenaient au petit peuple des villes et des faubourgs : ils pouvaient être tricoteurs, matelassiers, repasseurs, finisseurs, tailleurs, tanneurs,

* Les mots ou groupes de mots suivis d'un astérisque sont expliqués dans le lexique en fin de volume.

fourreurs, brocanteurs, forains, casquettiers, chapeliers, typographes, cordonniers, marchands de cravates ou de mouchoirs…

Leurs pères avaient souvent versé leur sang pour leur pays, sur les champs de bataille de la Grande Guerre de 14-18. Quand ils avaient survécu à ce grand massacre, ils en étaient revenus souvent décorés, blessés, mutilés, meurtris dans leur chair ou dans leur âme… En 1939, dès la déclaration de guerre, les plus jeunes, ceux qui n'avaient pas encore acquis la nationalité française, avaient souvent quitté femmes et enfants pour se porter volontaires afin de servir le pays qui les avait accueillis…

Certains pratiquaient la religion de leurs ancêtres juifs. D'autres s'en étaient éloignés… Tous pensaient que la France resterait pour eux le pays de la liberté et des droits de l'homme, l'endroit où l'on pouvait être heureux comme « Dieu en son royaume »...

Jamais les 200 000 Français et les 140 000 étrangers d'origine juive vivant en France au début des années quarante n'auraient pu imaginer que le gouvernement de Vichy*, mis en place après l'armistice pour administrer la France sous le contrôle des nazis*, anticiperait, préparerait puis renforcerait bien souvent les mesures antijuives concoctées par les disciples de Hitler. Et qu'ils choisiraient d'abord pour cible prioritaire les juifs d'origine étrangère…

Recensés puis dépouillés de leurs biens en septembre 40, exclus de leurs professions et donc réduits à la misère un mois plus tard, les juifs de France furent marqués de l'étoile jaune* à partir de mai 1942… Raflées par la police française dès 1941 et surtout à partir de juillet 42 – en zone occupée comme en zone libre –, 80 000 personnes vinrent ainsi remplir les nombreux camps d'internement français gardés par des Français, et qui servirent tous d'antichambres aux camps de la mort… 3 000 d'entre elles moururent de faim, d'épidémies et de mauvais traitements dans ces « camps de concentration », victimes de la cruauté de leurs geôliers français. 1 000 servirent d'otages et furent exécutées par les nazis entre 1941 et 1945. 2 500, soit 3 % seulement d'entre elles, revinrent des camps de la mort, de ces camps où avaient disparu 73 000 juifs déportés de France, dont 12 000 enfants, venus tous grossir les rangs des 6 millions de victimes de la « solution finale »…

Parmi les 72 000 enfants d'origine juive présents en France en 1939, il y eut donc 60 000 survivants : certains parce qu'ils avaient eu la chance de pouvoir mener une vie à peu près normale ; d'autres parce qu'ils furent cachés à titre préventif par des parents qui commençaient à comprendre que leur confiance en la France allait être trahie ; d'autres enfin parce qu'ils furent soustraits aux griffes de la police française pendant ou après l'arrestation de leurs parents. Ces enfants cachés furent accueillis – souvent à titre payant mais à une époque où il n'était pas évident de « joindre les deux bouts » – par des familles, dans des fermes, des institutions laïques ou religieuses, des internats, dans des maisons d'enfants. Certains vécurent relativement heureux, malgré la séparation d'avec leurs proches et les menaces environnantes, cachés par des familles admirables ou dans des collectivités. Ils y découvrirent les charmes de la nature et y reçurent une partie de l'amour qui leur manquait tant par ailleurs. D'autres vécurent un calvaire, exploités par des « hôtes » peu scrupuleux dans une France rurale des années quarante où la vie était parfois encore très primitive…

Ce livre est une version adaptée spécialement pour les 10-12 ans de *Paroles d'étoiles* (publié au format de poche aux éditions Librio et sous forme de livre illustré aux éditions des Arènes). Elle réunit quelques-unes des lettres et quelques-uns des témoignages collectés grâce au travail de l'Association des enfants cachés*, et aux retombées des appels émis par l'ensemble des antennes de Radio France en janvier 2002.

Les témoins qui se confient dans les pages qui suivent ont aujourd'hui le plus souvent entre 65 et 87 ans. Mais tous retrouvent pour exprimer leurs émotions les yeux des enfants ou des adolescents qu'ils étaient entre 1940 et 1944... Ils racontent des pages de notre Histoire qui ne sont pas toujours écrites dans tous nos livres de classe, parce que nous n'en sommes pas trop fiers.

La version intégrale de tous ces témoignages sera versée dans les bases de mémoire de l'Association des enfants cachés, du Centre de documentation juive contemporaine, de Yad Vashem* et du Mémorial de Caen*. Ils seront ainsi définitivement sauvés de l'oubli...

Comme ce fut le cas pour *Paroles de poilus*, pour *Paroles de détenus*, et pour *Mémoire de maîtres, paroles d'élèves*, les droits d'auteur de cet ouvrage seront reversés à la collectivité publique.

PRÉFACE

Les Enfants du silence se rattachent à un sujet de portée universelle : celui de l'homme qui devient parfois le pire cauchemar de l'homme, lorsqu'il désigne au reste du monde un bouc émissaire, le plus souvent pour essayer d'inventer une cause à ses propres misères, à ses propres faiblesses…

Chaque jour en milieu scolaire, la mise en quarantaine ou le bizutage de certains élèves, parce qu'ils sont plus faibles, plus timides, ou simplement « différents », participent d'un mécanisme identique qui, poussé à l'extrême et à très large échelle, peut finir par conduire le monde à la folie qu'il a connue entre 1939 et 1945 et qu'il connaît régulièrement depuis cette date aux quatre coins de la planète…

Jean-Pierre Guéno

HISTOIRE DE ROBERT

Je suis né le 11 novembre 1929, onze ans après le jour officiel de la fin de la Première Guerre mondiale, et la Seconde Guerre mondiale a été déclarée alors que je n'avais pas encore 10 ans et que j'habitais la ville de Metz avec mes parents polonais, mes deux frères et ma sœur. Mon père était voyageur de commerce et ma mère s'occupait de ses quatre enfants. À Metz, notre appartement de cinq pièces n'était pas situé dans le quartier juif. Quand les Messins parlaient de ce quartier, c'était toujours de façon négative.

Lorsqu'il revenait de ses voyages, mon père nous rapportait des petits ronds de chocolat Meunier. Curieusement, je ne conserve aujourd'hui aucun souvenir de ma relation de tendresse avec ma mère. Je ne la revois pas se pencher sur moi, je ne la revois pas me donner quelque chose, je ne la revois pas échanger avec moi ces secrets qu'échangent les mères avec leurs fils. Mais je sais que j'ai été très aimé.

En octobre 1939, Metz fut évacuée et avec elle toute sa communauté juive, les pratiquants et ceux qui ne l'étaient pas. Tout le monde embarqua dans le même train, et chacun reçut un camembert et 5 francs. Nous sommes passés par Paris pour aller à La Rochelle. Notre famille s'est retrouvée à Royan. Nous y sommes restés onze mois. Après l'arrivée des Allemands en juin 1940, j'ai servi de traducteur dans les grands magasins de la ville. Un jour, un nazi maigre au visage émacié et portant des lunettes m'a demandé

« d'où je savais l'allemand ». Je lui ai répondu que j'étais lorrain. Il m'a dit : « Tu es juif. » J'ai pris la fuite et j'ai eu très peur.

Un autre jour, la police française nous a demandé, comme à toutes les familles juives de la ville, de ramasser nos affaires et de nous rendre à la gare. Nous avons été regroupés avec d'autres juifs et envoyés en Dordogne en résidence forcée.

Notre famille a été logée dans une ferme abandonnée depuis 1914, sans eau courante, sans électricité, sans toilettes.

J'ai le souvenir d'avoir vécu dans ce village de Dordogne les deux plus belles années de mon enfance, à partir d'octobre 1940. Je découvrais la nature, les animaux, la vie simple. L'eau du puits était toujours fraîche et limpide. Mon père était peu à peu devenu paysan. Il s'était mis à retourner la terre devant la maison, puis à planter des pommes de terre, puis des carottes et des poireaux. J'allais à l'école et je l'aidais à la ferme. Il y avait des arbres fruitiers, des fleurs, des lilas ; il y avait des poules, des canards et des oies à gaver… Mes parents pratiquaient peu leur religion, mais ils priaient.

À partir de 1942, il fallut porter l'étoile jaune… En dehors de deux jeunes filles qui me demandèrent « ce que les juifs venaient faire par ici », l'étoile ne déclenchait aucune réaction chez les paysans et les fils de paysans. Beaucoup ne comprenaient pas ce qui se passait. Nous habitions à deux kilomètres au nord de la ligne de démarcation*. Une nuit d'octobre 1942, à deux heures du matin, des gendarmes sont venus nous indiquer que nous avions trois heures pour préparer nos baluchons et qu'un car viendrait nous chercher. Toutes les familles juives furent d'une docilité exemplaire.

Arrivées à Angoulême, 400 personnes furent massées dans une grande salle dont le sol était recouvert de paille. Nous sommes restés là quatre ou cinq jours. Des Allemands en civil collectaient successivement nos bijoux, notre argent, nos papiers, nos cartes d'alimentation.

Un soir, les Allemands ont indiqué que les enfants qui avaient été déclarés français devraient être séparés des autres le lendemain matin. J'étais le seul concerné dans ma famille. Mon père me fourra dans la poche un porte-monnaie dans lequel il y avait sa montre de gousset, la montre de ma mère, leurs deux alliances, son canif et tout l'argent liquide qu'il avait sur lui : 700 francs.

Le matin de la séparation est venu. Nous étions une dizaine d'enfants de nationalité française. Curieusement, mes parents n'avaient pas déclaré mes frères et ma sœur. Ils n'étaient donc pas susceptibles d'être provisoirement sauvés… J'ai voulu rejoindre mon père mais un bonhomme en civil qui gueulait très fort m'a donné un formidable coup de pied dans le cul, énorme, et m'a dit : « Reste là, cochon de juif ! »

Mon père pleurait. Il m'a tendu les bras… Il m'a crié : « Robert, n'oublie jamais que tu es juif… »

Et je me suis mis à rire. Parce que je n'avais jamais vu pleurer mon père… Parce que je n'allais pas bien du tout… Je sais bien aujourd'hui que ce rire était nerveux, mais je me suis toujours demandé si mon père avait vu ce rire, et s'il avait compris que ce rire n'en était pas un. Et cette question m'obsède. Je me demande quelle image il a pu garder de moi… Et ma question ne trou-

vera jamais de réponse. J'avais 13 ans. Ma sœur avait 8 ans ; mes frères avaient 4 et 6 ans. Et je n'ai jamais revu ni mon père, ni ma mère, ni ma sœur ni mes deux petits frères.

Les 700 francs de mon père, je les ai encore ; je n'y ai jamais touché. Les deux alliances de mes parents ont servi à mon mariage et aujourd'hui, quand ça ne va pas, je regarde celle de ma mère. J'ai gardé le porte-monnaie, mais je ne l'ai pas ouvert depuis vingt-cinq ans. Je conserve des photos de mes parents, le jour de leur mariage, et puis une toute petite photo d'identité de mon père datant de l'époque de notre séparation. Il avait 49 ans… Mais je n'ai aucune représentation du visage de ma mère datant de l'époque de sa disparition.

Un curé attendait les dix enfants qui, comme moi, avaient été séparés de leurs parents. Je me souviens de ma question : « Mais pourquoi on nous emmène ? Quand est-ce qu'on va les revoir ? » Et le curé nous disant : « Vous reviendrez les voir, ne vous inquiétez pas, je vous emmène parce qu'on m'a demandé de vous héberger… » Nous sommes donc partis chez lui. C'était un prêtre qui s'occupait de cas sociaux, d'enfants dont la mère était décédée, ou dont le père était prisonnier : des enfants qui avaient tous des histoires familiales difficiles. Nous avions de 4 à 15 ans. Et je me souviens d'une longue marche pour arriver dans des baraquements situés un petit peu en dehors d'Angoulême. Nous traînions nos habits dans une charrette. Je portais un sac à dos et je gardais le porte-monnaie de mon père dans ma poche. Je me souviens d'un alignement de baraques un peu comme un camp, avec des sœurs en civil. Le prêtre, le père Le Bideau, nous a montré l'endroit où nous allions dormir, et ensuite nous nous sommes retrouvés dans le réfectoire. Je me souviens d'une scène cocasse, tous les enfants se levant quand le père

entrait. On devait être cinquante ou soixante, et j'entends : « Bonjour mon père ! » Je me retourne, et je me dis : « Mais qu'est-ce que mon père vient faire là ? » Je n'avais jamais fréquenté le milieu chrétien… Nous devions dire une prière à chaque repas et nous nous levions tous le matin à la même heure pour aller à la messe dans une petite chapelle de fortune.

Un jour, j'ai reçu une lettre de mes parents. Je n'avais plus aucunes nouvelles d'eux depuis un mois… Dans cette lettre, qui me fut remise ouverte, ma mère exprimait sa colère : « Robert ! comment se fait-il ? On t'a laissé de l'argent, on est ici dans un camp, on a faim (c'était à Drancy*), je t'ai envoyé trois lettres avec trois bons de colis ; tes frères et ta sœur n'ont rien à manger. Ils pleurent toute la journée. Pourquoi ne nous as-tu pas envoyé des colis avec l'argent que ton père t'a laissé ? » Une lettre atroce. Et dans cette même enveloppe, il y avait un tout petit papillon tapé à la machine : « Partis pour une destination inconnue, n'envoyer ni lettre ni colis. » Je me souviens qu'il s'est passé quelque chose en moi, comme quand on va se trouver mal. Comme si le sang s'arrêtait de monter dans la tête. Je me suis mis à hurler contre le père Le Bideau : « Pourquoi ne nous avez-vous pas donné nos lettres et les bons de colis qu'elles contenaient ? Vous rendez-vous compte des conséquences de votre acte ? » Et le curé m'a dit : « Mais, nous n'avons jamais reçu ces lettres. » Je pense qu'il ne disait pas la vérité… Je lui en veux encore beaucoup pour cela. J'ai fait une jaunisse dans les quarante-huit heures qui ont suivi. Je suis resté près de trois semaines sans manger. Ça a été un énorme choc. J'ai reçu, peu de temps après, une ultime lettre de ma mère : c'était une toute petite carte de visite dans une enveloppe. Maman l'avait jetée d'un wagon. Elle avait été ramassée et postée par quelqu'un… Sur cette carte, elle avait écrit d'une écriture minuscule : « Boubi, avec l'aide de Dieu, j'espère que nous nous reverrons bientôt. Nous ne savons pas

où nous allons. Nous sommes en bonne santé, nous espérons nous retrouver bientôt. » Je n'ai plus rien reçu après.

Le prêtre nous faisait participer de plus en plus à la vie religieuse de la collectivité, jusqu'au jour où il nous a pris ensemble, la dizaine d'enfants juifs, et où il nous a demandé de nous confesser. Je fus pris de panique...

Mon père, parmi les choses qu'il m'avait confiées, m'avait notamment laissé l'adresse du rabbin Bloch, ce fameux rabbin qui avait organisé notre départ de Metz, et qui était ce que sont les rabbins dans les petites communautés : un véritable dieu qui pouvait tout, qui savait tout, qui avait réponse à tout... Mon père m'avait dit : « Le jour où quelque chose n'ira pas, tu écriras au rabbin. »

J'ai donc écrit au rabbin Bloch qui habitait Poitiers. Quarante-huit heures après, sa secrétaire est arrivée et nous a tous embarqués, les dix enfants juifs. Elle nous a emmenés à Poitiers, et nous a répartis, chaque enfant, dans des familles juives.

Moi, j'ai été envoyé dans une première famille juive à Châtellerault. Je n'y ai passé que relativement peu de temps parce que j'y étais horriblement malheureux. Et pourtant, ces gens étaient de braves gens qui m'ont accueilli vraiment cordialement. Mais leur fils n'a pas supporté ma présence. Il a fini par m'obliger à dormir par terre, il a caché mes affaires, il a dit avoir fait pipi sur ma brosse à dents... J'ai immédiatement écrit au rabbin Bloch en lui disant que je ne pouvais plus rester dans cette famille, que, si on ne venait pas me chercher, je ne savais pas ce qui m'arriverait. Quarante-huit heures après, sa secrétaire arrivait, me sortait de cette maison, et me mettait dans une autre famille juive, chez une femme qui avait perdu son mari, raflé en sortant de chez lui parce qu'il ne portait pas l'étoile. Elle était cardiaque, tout à fait extraordinaire, et très chaleureuse, et grabataire. C'était une des familles les plus riches de Châtellerault, une famille de fourreurs entourée de domestiques. J'étais chez elle avec une autre enfant, Eva Nadel.

C'était le paradis... Je me suis mis à travailler comme un dingue mes leçons et mes devoirs scolaires, en rattrapant tout le retard que j'avais. En l'espace de deux mois, je crois que j'ai sauté deux classes. J'étais l'ami d'un autre petit garçon juif. Nous portions l'étoile en allant au lycée, et nous avons vécu ensemble une scène tout à fait incroyable. Il y avait une place à Châtellerault que les juifs n'avaient pas le droit de traverser ; pour aller au lycée il nous fallait faire un énorme détour puisque le lycée était de l'autre côté... Nous nous collions souvent sur un des trottoirs face à la place et nous regardions tourner les manèges, adossés à la vitrine d'une pâtisserie... Un jour, une dame passe avec un petit garçon, rentre dans la pâtisserie, en ressort, nous fait signe de la suivre, mon ami et moi…

Nous la suivons : elle nous emmène dans une petite rue derrière, et nous donne à chacun un gâteau en nous disant : « Mangez vite et jetez les papiers. » Dans notre stupéfaction, nous ne lui avons même pas dit merci. J'ai donc couru après elle, afin de la rattraper et de la remercier…

Je suis resté à Châtellerault dans cette seconde famille, pendant six mois. Un jour, la police française est venue prendre tous les enfants dont les parents avaient été déportés, et nous avons été transférés au camp de Poitiers. C'était un camp de regroupement… Nous y avons passé quelques jours tout à fait surprenants : nous étions une soixantaine d'enfants juifs, qui avaient été ramassés un peu partout... Je n'ai jamais autant joué que dans ce lieu, avec mes petits copains et mes petites copines. Nous dormions dans d'immenses baraquements ; nous mangions très mal, mais la Croix-

Rouge nous avait envoyé des colis, notamment un tonneau de bonbons. Ces bonbons, qui n'étaient pas dans des papiers, étaient tous collés les uns aux autres. Au début, on arrivait à les gratter et à les manger ; on s'agglutinait tous autour du tonneau ; mais à la fin, il fallait bien y rentrer pour aller gratter ceux du fond. Je me souviens d'être rentré dans le tonneau et de ne pas avoir pu en sortir, au point qu'il fallut m'en extraire par les pieds.

On nous regroupa de nouveau quelques jours après ; on nous mit dans des trains et on nous envoya à Paris, où nous fûmes accueillis par des responsables de l'UGIF*. Tout notre groupe se retrouva dans une maison d'enfants, à Lamarck. La rue Lamarck, c'était bien. C'est vrai qu'on nous avait rasés parce qu'on avait des poux, mais on y mangeait merveilleusement bien ; il n'y avait pas de discipline trop stricte… J'ai retrouvé là des amis de mon âge que j'avais connus en Dordogne. J'y ai passé trois ou quatre jours. Ensuite, comme j'avais plus de 13 ans, j'ai dû partir et on m'a envoyé à l'école de travail, au 4 bis, rue des Rosiers. Je garde de cette école le souvenir d'un enfer. J'y ai été horriblement malheureux. J'étais l'un des plus jeunes, et mes congénères étaient tous des cas sociaux. Certains avaient volé, d'autres avaient de graves difficultés familiales. On y regroupait tous les jeunes dont on ne savait pas très bien quoi faire…

Le matin, on y suivait un enseignement général, et l'après-midi, un enseignement professionnel. J'avais choisi la menuiserie. Et j'ai donc vécu dans ce foyer où il n'y avait absolument aucune chaleur humaine, où l'on était constamment menacé d'être raflé, d'être déporté…

J'en suis sorti en 44, au bout de neuf mois. J'y ai appris à défendre ma nourriture et mon pain… C'était une lutte permanente… Le souvenir que je garde de cette période est celui d'une espèce de nœud dans l'estomac, d'un énorme vide affectif et d'un sentiment d'insécurité permanent.

En février 1944, j'ai été pris en charge par un monsieur mystérieux qui appartenait à un réseau clandestin. Il m'avait donné rendez-vous dans une autre maison d'enfants et il m'a dit : « Maintenant, il n'est plus question que tu retournes à l'école de travail ; c'est devenu trop dangereux. Tu vas sortir du circuit juif, tu vas changer de nom, tu vas avoir une nouvelle carte d'alimentation, et tu vas être scolarisé. Mais pendant quelque temps, tu vas rester dans cette maison. Et ne cherche pas à en sortir, je viendrai te voir régulièrement pour te tenir au courant de ce que tu vas devenir. » C'était une maison d'enfants protestants, dont je ne garde aucun souvenir particulier… On y mangeait correctement, on y était blanchi. J'y suis resté un mois. Un beau jour, le même monsieur est revenu et m'a dit : « Tu vas venir avec moi, je vais t'emmener dans une nouvelle école, mais auparavant il faut que tu saches que tu ne

t'appelles plus Robert Frank, tu t'appelles Robert François, tu es né à telle date et à tel endroit. » Il m'a expliqué que c'était une mairie dont les archives avaient été détruites par les bombardements…

Je ne devais plus donner mon nom réel à qui que ce soit…

Je suis entré à l'institut Voltaire.

J'y fus recueilli par Mme Vallon, sa directrice, avec un autre garçon juif caché. Nous avons été pris en mains par une organisation clandestine, dirigée par le docteur Milhaud et par sa femme, qui réussit à sauver une dizaine d'enfants qui partageaient mon sort à l'école…

Mme Vallon nous a donc pris sous sa protection. Comme elle était directrice de l'institution, nous en avons suivi les classes normalement, et ceci jusqu'à la Libération. J'ai continué chez elle à m'appeler Robert François : elle a été pour moi, je ne dis pas un substitut maternel, mais une femme que j'ai beaucoup aimée ; elle avait un cœur tout à fait exceptionnel ; elle s'était profondément attachée à nous, et j'ai vécu avec Georges Miliband chez elle comme si nous étions deux frères. Nous étions sous sa protection, elle veillait sur nous.

Elle avait une maison au Raincy où elle organisait des colonies de vacances. Georges lui avait été confié en juillet 1942 pour participer à l'une de ces colonies. De retour à Paris fin juillet, Georges Miliband n'a pas pu retrouver sa mère et ses deux sœurs arrêtées lors de la rafle* du Vel' d'Hiv*. Son père était décédé avant la guerre. Mme Vallon l'a alors recueilli. Je ne saurais dire combien d'enfants juifs sont passés clandestinement entre ses mains ; elle prenait un risque énorme, et le faisait d'une façon tout à fait consciente…

Pour moi, le fait de porter un nom qui n'était pas le mien a été un jeu au début ; en n'étant pas Robert Frank mais Robert François, je trouvais que j'arrivais facilement à me cacher, à cacher ce que j'étais, c'est-à-dire à masquer mes difficultés, mon angoisse, mon vide affectif face aux autres. Cette période ne m'a pas du tout permis de m'épanouir, mais de me préserver tel que je voulais rester, moi, Robert Frank, c'est-à-dire le fils de mon père et de ma mère, gardant pour moi mon histoire douloureuse... Je n'en ai jamais parlé à l'époque, et mon masque m'a donné une espèce de force, que j'ai perdue après la Libération, surtout après la fin de la guerre en 45, lorsqu'il a fallu reprendre nos vrais noms, et aller à la gare de l'Est accueillir ceux qui revenaient.

C'est là où j'ai recommencé à prendre espoir ; j'étais redevenu Robert Frank ; j'attendais Max Frank, mon père, Betty Frank, ma mère, mes frères et ma sœur… Je ne savais pas ce qu'ils étaient devenus. On ne savait rien d'Auschwitz*, des fours crématoires… Et j'attendais, j'allais à la gare et je me disais : « Un de ces jours, je vais les voir revenir. »

Dans mon esprit, ils n'étaient encore que des prisonniers. Et puis les premiers déportés sont arrivés… Alors l'attente s'est faite angoissante. Un jour, j'ai vu revenir Sylvain Kaufman ; il rentrait d'Auschwitz ; il était le fils du patron de mon père à Metz, et connaissait toute ma famille. Je ne sais pas quel était son rôle à Auschwitz ; je n'ai pas voulu le savoir ; mais il m'a demandé : « Veux-tu savoir ce qu'est devenue ta famille ? » J'ai dit : « Oui, bien sûr. »

Il m'a dit qu'à leur arrivée, mon père avait été désigné pour aller d'un côté, ma mère de l'autre ; ma mère avec mes frères et ma sœur s'étaient directement rendus à la chambre à gaz ; mon père avait survécu pendant trois mois, travaillant très dur. Et puis un jour, ses jambes ne pouvant plus le porter, Sylvain Kaufman avait dû le conduire lui-même à la chambre à gaz avec tout un groupe... Je ne pouvais pas croire à cette histoire ; je pensais qu'il ne voulait pas me dire que ça avait été plus terrible encore. Je ne pouvais pas accepter qu'ils soient morts ; je pouvais admettre leur maladie, leur souffrance, mais pas leur disparition…

Plusieurs années après la guerre, je courrais encore derrière des gens, croyant reconnaître mon père. Le moment le plus dramatique, je l'ai vécu en 1947, deux ans après la fin de la guerre, lorsque, ayant passé mon brevet élémentaire, Mme Vallon m'a dit : « Pour te récompenser, je te paye un voyage à Metz. » C'est un désir que j'avais certainement formulé.

Je suis donc allé à Metz, tout seul, et je me suis dirigé d'abord dans la rue où nous habitions ; j'ai vu la maison, j'ai vu l'appartement au quatrième étage, je n'ai pas osé monter ; je me suis promené dans des lieux qui m'étaient familiers ; je suis tombé à un moment, mais vraiment sans réfléchir, sur un endroit où avaient habité les meilleurs amis de mes parents, la famille Wiederspiel. J'ai vu leur nom en bas d'un immeuble, à côté d'un bouton ; fou de joie, j'ai sonné, personne n'a répondu. Il devait être trois heures de l'après-midi, je me suis dit : « Je vais me promener, ils sont certainement partis quelque part, et je vais revenir de temps en temps sonner. » Et je me suis promené dans le coin. À un moment je suis tombé sur une sonnette avec, à côté, le nom « Frank ». J'ai cru reconnaître l'écriture de mon père. Je suis devenu fou, me disant : « Ce n'est pas possible qu'il soit rentré et qu'il ne m'ait pas recherché ! Comment se fait-il qu'il soit revenu

à Metz, qu'il m'ait laissé comme ça tout seul ? » J'ai sonné ; personne n'a répondu. Je suis retourné devant l'immeuble des Wiederspiel. Ils m'ont ouvert leur porte. Ils m'ont reconnu et il leur a fallu un moment pour me convaincre du fait que les Frank du quartier n'avaient rien à voir avec ma famille…

J'ai mis de longues, longues années avant d'accepter la disparition de mes parents… Et c'est un rêve qui m'a libéré ; c'était en 1957 ; j'étais marié et je me suis dressé sur mon lit en sursaut ; j'ai réveillé ma femme et je lui ai dit : « Tu sais, je viens d'enterrer mes parents. J'ai rêvé que j'étais à Festalemps, dans ce village où nous avions vécu nos derniers moments ensemble, et dans la cour, entre le portail et la ferme, j'ai vu cinq ronds, cinq grands ronds, avec un dôme fermant ces cinq ronds. » Et je suis sorti d'un long sommeil à ce moment-là, je me suis dit : « Qu'est-ce que ça veut dire ? » J'ai réalisé que cinq, c'était mon père, ma mère, mon frère, mon autre frère et ma sœur. J'avais beaucoup souffert de n'avoir pas de tombe où les imaginer. Pour moi, Auschwitz, ça n'avait pas de sens. Finir dans les fours crématoires, c'était partir en fumée, tandis que là, dans mon rêve, je les avais placés dans un endroit qui m'était cher… Et ça m'a libéré, ça m'a fait du bien, parce que je suis resté ensuite un très long moment, bien, détendu, jusqu'à ce que je recommence à me poser d'autres questions.

Dans les mois qui ont suivi la guerre, je suis devenu pupille de la Nation ; j'ai été pris en charge financièrement, pour mon logement, pour mes études, sur le plan vestimentaire. Matériellement, je n'avais plus de problèmes. Restait le problème affectif, bien difficile à soulager…

Je crois que l'histoire des enfants de déportés véhicule une effroyable douleur. Perdre ses parents, c'est dramatique ; perdre ses frères et sœurs, c'est horrible. Quand on les perd par maladie, par accident, c'est terrible. Mais les perdre comme nous les avons perdus, brutalement, du jour au lendemain, sans comprendre pourquoi ni comment, dans l'incertitude, c'est épouvantable. Je n'avais plus ni oncle ni tante ; je me sentais vraiment tout seul. J'étais furieux après mes parents. J'ai vécu ça d'abord comme un abandon. Finalement, je me sentais coupable d'être resté vivant ; je m'en sortais en les accusant de m'avoir abandonné. Je comprends aujourd'hui que c'était une façon de me défendre contre la douleur de la séparation. Petit à petit, j'ai compris qu'ils n'y

étaient pour rien. Lorsque j'ai repris mes études, j'ai été longtemps très replié sur moi-même, ne parlant pas, n'entrant en contact avec personne ; je me sentais inintéressant, me vivant comme quelqu'un qui ne pouvait pas être « reconnu ».

J'ai passé mes deux bacs. Je n'ai absolument pas été brillant pendant toutes mes études. Mais, je m'en suis sorti. J'ai décidé de devenir médecin. Lors des inscriptions, j'ai fait la connaissance d'un garçon qui m'a proposé quelques mois plus tard de travailler de concert avec lui. Peu de temps après, il m'a présenté sa mère ; je lui ai dit que j'étais à Châtellerault pendant la guerre ; elle m'a alors raconté l'histoire suivante : « Un jour, avec mon fils, en 1943, nous étions sur un trottoir, et nous avons vu deux enfants avec l'étoile juive. Avec mon fils, je suis rentrée dans une pâtisserie, j'ai acheté des gâteaux et puis j'ai demandé à ces deux enfants juifs de me suivre et je leur ai donné les deux gâteaux… » La coïncidence était inimaginable !... Je suis devenu, évidemment, comme un frère avec son fils...

Au terme de mes études, je suis finalement devenu dentiste. J'ai connu ma femme en 1952 et nous nous sommes mariés en 1954. J'ai épousé une femme juive, psychologue, et j'ai, en quelque sorte, repris une espèce de vie de famille.

Je ne peux pas dire que je sois un être facile. J'ai été longtemps déprimé, restant quelquefois plusieurs jours sans ouvrir la bouche, extrêmement replié sur moi-même. Et ma femme est arrivée à faire de moi ce que je suis aujourd'hui. Quand on me dit trop qu'on m'aime, j'ai une espèce de difficulté à accepter d'une part que ce soit vrai, et d'autre part que ce soit justifié. De plus – et là je ne parle pas de ma femme, je parle plutôt de tous les gens qui m'ont entouré, qui m'ont aidé ou qui ont voulu me faire du bien –, j'ai toujours eu un mouvement de rejet vis-à-vis des personnes qui ont été bonnes avec moi.

Aujourd'hui, j'en éprouve une certaine douleur parce que ce sont des gens qui, spontanément, ont voulu exprimer, d'abord leur compréhension, ensuite leur affection. Et il suffisait que ça dépasse une certaine force pour que je devienne agressif, que je me retire, coupant toute relation avec eux.

D'autres enfants cachés ont connu les mêmes difficultés : dès que des gens nous apportaient leur amour, dès que ça devenait trop fort, notre façon de réagir, c'était la rupture. Et la rupture complète. Tout cela me pèse évidemment beaucoup aujourd'hui, mais c'est trop tard.

Avec ma femme, nous avons eu deux enfants, deux filles merveilleuses ; pendant très longtemps, je leur ai peu parlé ; elles ne savent que relativement peu de choses de mon passé ; elles en connaissent les grands moments, les moments importants…

Ma souffrance actuelle, elle, est d'un nouvel ordre. J'essaye d'imaginer ce que mes parents ont pu ressentir avant de mourir… Pendant longtemps, je n'ai jamais osé imaginer ce qu'avait pu vivre ma famille à partir du moment où j'en avais été séparé. J'ai essayé d'imaginer comment tous avaient pu vivre le voyage vers Auschwitz, à travers tout ce que j'ai lu de ces convois ; et puis la descente des wagons. Je sais qu'ils étaient vivants, tous, en descendant. J'imagine les cris des *SS*, et j'imagine les visages, le visage de ma mère, ceux de mes frères et de ma sœur ; il faisait froid, c'était au mois de novembre 42. J'imagine les chiens, les hurlements, la sélection. « Toi, tu vas là ! Toi, tu vas là ! » Mon père, je crois qu'il ne devait plus beaucoup penser à moi à ce moment-là, en voyant cela, sa femme, ses enfants de l'autre côté là-bas, lui là, elle là. J'imagine le déshabillage. J'imagine mes frères et ma sœur, debout, nus, allant à la douche. J'ai vu le film *Shoah*, j'ai vu comment on avait raconté les différentes étapes, j'ai imaginé mon père dans le baraquement où avaient disparu sa femme, ses enfants ; c'est épouvantable. Je l'imagine travaillant. Je l'imagine se disant : « Pour qui, pour quoi ? » Peut-être pour moi, Robert… Je l'imagine crevant de faim, de froid. Un jour, ne pouvant plus tenir debout, je l'imagine conduit dans une brouette, je n'ose imaginer les coups, je l'imagine, sachant où il va, c'est tout. Et ça, c'est tout nouveau. Et cette trajectoire, je la revis en ce moment, presque toutes les nuits.

Robert

HISTOIRE DE MARGOT

Tu t'appelles Margot Cerf; depuis six mois les juifs de France sont obligés de porter l'étoile jaune. Depuis l'été, les rafles se multiplient en zone occupée comme en zone libre. 31 000 juifs ont été déportés au nord de la ligne de démarcation. 11 000 au sud, livrés aux Allemands par la police française… Plus de 4 000 enfants ont déjà été raflés par Vichy puis éliminés par les nazis. 8 000 suivront jusqu'à la Libération. Mais toi, Margot, tu fais partie des 60 000 enfants qui survivront… Contrairement à toi, beaucoup perdront leurs parents mais tous écriront un jour aux étoiles pour leur parler du temps où les enfants devaient se cacher pour échapper à la folie des hommes…

18 décembre 1942 : tu es baptisée catholique en l'église Saint-Sauveur à Figeac. C'est toi qui signes au bas du certificat de baptême : *Marguerite* – c'est un prénom d'emprunt puisque tu t'appelles en réalité Margot. Ta mère est présente. Sa présence te dérange. Tu retournes à l'école Jeanne-d'Arc et les religieuses, en te regardant, disent : « C'est un ange. » Tu n'es pas contente car tu ne sens pas d'ailes dans ton dos. Tu auras bientôt

7 ans et demi. Dans quelques jours, tu changeras d'école, pour échapper à la mort, aux rafles, aux déportations… C'est en tout cas ce que prétend ta mère. Tu dois changer de nom de famille : ce n'est plus CERF, mais CORDIER…

Tu ne crois pas un mot de ce que dit ta mère. Tu la crois incapable de te protéger. Tu penses qu'elle a peur, qu'elle t'abandonne, qu'elle ne veut plus de toi. Pire encore, elle insiste pour que tu ne parles jamais de tout « cela ». Elle affirme que, dans le cas contraire, on risque de la prendre, de la faire mourir, avec ton père et ton frère. Tu finis par penser qu'elle fait tout ça contre toi parce qu'elle a peur pour elle.

Tu dois donc te taire. Apprendre à ne pas exister. Tu sais bien que c'est la guerre, que les méchants Allemands prennent les juifs, les piquent, les brûlent. Mais en fait, à présent, tu n'es pas juive, tu n'es plus juive. Tu es catholique, tu es baptisée. Tu n'as plus rien à voir avec « ceux » qui, comme on te l'apprend, « ont crucifié le bon Petit Jésus ». Tu en arrives presque à éprouver un sentiment de haine contre cette famille qui est pourtant la tienne. Tu ne l'aimes plus, tu es prête à la dénoncer aux Allemands, à ceux qui « font de l'ordre ». Ils sont juifs ! Pas toi…

La mère supérieure, Mme Bergon, est au courant de Margot-Marguerite, de Cerf-Cordier. C'est elle qui vient te chercher au sortir du train à Capdenac. Elle t'enveloppe dans un pan de sa large cape. Elle te cache aux regards des autres. Tu sens bien que tu n'es plus comme avant. Tu es une enfant cachée. Tu ne comprends pas pourquoi, mais tu sais qu'il faut faire comme ça. C'est très important et c'est très grave. La peur s'insinue en toi, constante. De jour, de nuit, devant n'importe qui : ne pas trahir, ne pas parler, ne pas dire. Avoir peur de tout, de chacun, voilà un nouveau jeu… Comment faire pour gagner ? Comment faire pour ne pas être quelqu'un, quelque chose, qui du jour au lendemain n'existe plus, n'a pas le droit d'exister, n'a plus de famille, plus rien… Travailler à l'école, être la meilleure, se rendre intéressante… et tu y arrives !

Le soir, dortoir… dortoir glacé. Tu dois t'enfiler dans les draps froids qui quelquefois sont réchauffés par le « moine », ce récipient rempli de braises que la sœur Roques passe de lit en lit.

Tu trouves qu'elle ne reste pas longtemps avec le moine dans ton lit à peine réchauffé. Mais c'est quand même mieux que rien.

« Ce soir, dit Mme Bergon, vous devez dormir avec vos souliers. Il est possible que nous fassions un jeu de nuit et que vous ayez à courir dans la forêt à côté… » D'abord tu n'aimes pas le mot « souliers », tu dis « chaussures ». Toi ? Dormir avec tes chaussures ? Salir les draps ? Jamais ! Tu désobéis, mais tu prends la précaution de bien défaire les lacets, d'écarter les côtés, pour pouvoir les mettre rapidement « au cas où »…

Il n'y a pas eu de « au cas où »… Tu savais que ce n'était pas un jeu de nuit, qu'il fallait se sauver, fuir pour ne pas être prise.

Tu as écrit plusieurs fois à ta mère… elle ne te répond pas – c'est vraiment une sale femme qui t'a abandonnée. Pourtant, tu t'appliques en écrivant. Le porte-plume s'incruste contre le majeur, et la plume est dure, dure. L'encre violette a une odeur que tu n'aimes pas. C'est dur d'écrire, de faire des dessins, de vouloir plaire et de ne jamais recevoir de lettres en retour. Elle ne t'aime pas, voilà tout. Toi non plus, tu ne l'aimes plus. « Petit Jésus, qu'est-ce qu'elle fait ma maman ? Et ma grand-mère ? et mon frère ? et mon papa ? »

Tu devras attendre cinquante-six ans pour apprendre que tes lettres ne lui étaient jamais parvenues...

Tous tes courriers d'enfant caché étaient lus et relus par Mme Bergon. Tes maladresses d'enfant, un mot de trop, une allusion à un nom de famille ou à un ravitaillement auraient pu vous faire prendre s'ils étaient tombés dans les mains des « Méchants ». Lorsque ces lettres jamais envoyées et si bien cachées t'ont été restituées, en 2001, tu as ressenti un tremblement de tout ton corps ; ces lettres, dont tu espérais tant une réponse, ne pouvaient en avoir...

Tu t'en es affreusement voulu d'avoir pu autant haïr l'indifférence de ta mère. Tu ne pouvais pas savoir. Comme tu t'en veux d'avoir eu ces pensées de haine contre cette femme que tu n'avais plus le droit d'appeler « Maman », mais simplement les quelques fois où tu l'as vue : « Madame »... Pareil pour ton père : « Monsieur »...

Tu gardes bien des souvenirs de ces deux ans et demi passés au couvent de Massip, dans la peur, la perte d'identité, le changement de confession religieuse...

Il y aurait encore beaucoup à dire pour essayer d'expliquer tes misères. La nourriture que tu n'aimais pas... Le froid... Les engelures... La peur, la double vie, le mensonge constant, la traque, la cache, l'incertitude de chaque instant, l'effroi après la guerre... Tu ne t'es pas sentie sereine. Tu avais presque complètement oublié ton ancien nom ; tu avais totalement oublié ton prénom. Tu ne savais plus qui tu étais. Tu as retrouvé une famille disloquée. Papa et Maman qui ne s'entendaient plus, ton frère et toi... Tu ne t'y es jamais adaptée. Plus de rafles... Mais on t'a raflé ton enfance, ton adolescence s'en est ressentie ; ta vie en est marquée, imprégnée.

Marguerite/Margot, Cordier/Cerf, catholique/juive… Il y a de quoi devenir folle. Comment réagir le jour où l'on doit construire « sa » vie ? Tu as toujours eu peur pour tes enfants : peur qu'on te les arrache… Tu t'es totalement investie dans ton métier de sage-femme. Chaque vie mise au monde était une victoire contre ce que tu avais vécu…

Margot

HISTOIRE D'IRÈNE

Je m'appelle Irène ; je suis née à Riga, en Lettonie, d'une mère lettone et d'un père lituanien. D'une famille juive, incontestablement, mais qui ne pratiquait aucune religion.

Mon père a décidé de quitter la Lettonie alors que j'avais 2 ans, pour des raisons économiques. Il avait fait de mauvaises affaires et il a donc voulu partir pour les États-Unis, comme cela se pratiquait beaucoup dans cette région du monde à la fin des années vingt.

Ma mère et moi sommes restées à Riga chez une de ses sœurs aînées, dans un milieu de commerçants aisés. Ma mère était d'une famille très bourgeoise. Mon père était plutôt socialiste. En chemin pour les États-Unis, il a souhaité s'arrêter en France. Il était très admiratif de la culture française, du pays des droits de l'homme, qui était pour lui un modèle absolu, politique, économique et culturel. Lorsqu'il est arrivé en France, il a été complètement séduit et il n'a plus souhaité partir.

Il est donc resté là, dans des conditions matérielles difficiles pour quelqu'un qui était d'un milieu assez aisé... Il a travaillé très durement. Il a même eu un accident en tirant une voiture à bras : il n'a vraiment reculé devant aucun type de travail pour pouvoir rester en France, et ma mère et moi sommes venues le rejoindre avec une année de décalage.

C'était en 1930. Je n'avais pas tout à fait 4 ans lorsque je suis arrivée à Paris. J'y ai eu une vie de fille unique, incroyablement gâtée. Je pense que mes parents ne s'entendaient pas très bien à l'époque, mais j'étais incontestablement le lien auquel ils tenaient autant l'un que l'autre. Et bien qu'ils aient eu, à ce moment-là, une vie matérielle très difficile, je ne m'en suis jamais rendu compte : j'ai été gâtée, pourrie, avec le peu qu'ils avaient.

Lorsque j'avais 8 ans, avant guerre, mes petites camarades allaient au catéchisme, faisaient leur communion : elles me fascinaient parce qu'elles avaient des cadeaux, et qu'elles portaient de belles robes blanches... Un dimanche après-midi, je suis sortie de la maison et je suis partie avec mes

camarades à l'église, pas très loin de chez nous. Mon père a voulu savoir où j'étais, et quelqu'un lui a raconté qu'on m'avait vue partir avec d'autres enfants vers l'église. Il est venu m'y chercher. Je le vois encore m'arrachant aux religieuses et aux prêtres qui râlaient, et, les faisant taire, me dire à la sortie : « Tu vois, dedans il fait noir, c'est moche, ça n'a aucun intérêt. Dehors il fait beau, il y a du soleil. On va aller se promener, on va aller au Bois. Maintenant si un jour tu éprouves un

besoin religieux, ce qui, à mon avis, n'a pas de sens, mais ça peut t'arriver, alors tu as une religion qui vaut largement celle des autres, et en aucun cas on n'en change. » Cette réponse est restée très profondément ancrée en moi.

La guerre est arrivée. Mon père s'est engagé, et puis il est revenu. Ma mère continuait à avoir une très grande admiration pour l'Allemagne et pour sa culture ; il ne s'agissait pas du nazisme, bien sûr, mais j'entends encore des conversations un peu vives entre eux, où ma mère disait : « Oui, mais ils sont korrects » (avec un k), et mon père lui répondant : « Tu verras à quel point ils sont corrects !... » Et puis ça a été la guerre pour tout le monde ; plus tard est arrivée l'obligation du port de l'étoile jaune pour tous les juifs. Je l'ai d'abord refusée ; j'ai fait un caprice, j'ai râlé, j'ai tempêté. Alors mon père m'a expliqué d'une manière tout à fait claire et sereine que si quelqu'un devait avoir honte, c'était les autres et pas nous ; que cette étoile n'était pas un signe d'infamie ; que la discrimination était monstrueuse en tant que telle, mais que je n'avais pas à en avoir honte ; et puis il m'a dit : « Bon, très bien, nous sommes en juin. Tu ne portes pas l'étoile, tu ne pourras pas continuer à aller au lycée. Mais qu'est-ce que tu feras à la rentrée ? » Alors ma réaction de gosse, de sale gosse peut-être, a été de vouloir porter l'étoile tout de suite, immédiatement…

En juin, je suis donc arrivée au lycée Hélène-Boucher avec l'étoile jaune. Je n'étais pas la seule. La directrice a réuni toutes les élèves dans la cour, en disant : « À partir de ce matin, certaines d'entre vous portent un signe distinctif. Je préviens que la première remarque que j'entends à ce propos, ce sera la porte ! » C'était un acte très courageux : elle ne savait pas qui pouvaient être les parents des élèves…

Et puis l'année scolaire s'est terminée. Les mois d'été sont revenus…

Nous étions en 1942 ; mes parents m'ont envoyée dans une école de plein air pour les vacances : le Mesnil-Marsauceux qui était un peu une annexe de l'école des Roches, où j'ai passé les mois de juillet et d'août. Je devais revenir pour la rentrée des classes, le 15 septembre. Or, le 14 septembre 1942, j'ai reçu un appel téléphonique du père d'une de mes camarades, me disant assez brutalement, et sans le moindre ménagement : « Tes parents ont été arrêtés ce matin. Tu ne rentres pas. » Je fus bien évidemment complètement prise au dépourvu. J'étais à ce moment-là en train de jouer une pièce de théâtre intitulée *La Farce du chaudronnier*. Je suis remontée dans ma chambre. Je ne sais pas s'il pleuvait, je ne sais pas si je pleurais ; je sais que tout était mouillé. La pluie, les larmes, je n'en sais rien. Ne me voyant pas revenir, l'un des moniteurs a fini par aller voir ce qui se passait ; il est arrivé dans la chambre, m'a trouvée là effecti-

vement éplorée, et, sous le choc de l'émotion, je lui ai dit la vérité, alors que je ne portais pas d'étoile… J'avais pour ce garçon le genre de grande admiration qu'une fille peut éprouver à 15 ans pour un garçon de 25 ou 28 ans ; nous étions peut-être toutes un peu amoureuses de lui… Il m'a répondu : « Ce n'est pas un événement, c'est un avènement. À partir d'aujourd'hui, sachez que vous êtes seule et que personne ne peut quoi que ce soit pour vous. À vous de choisir. On vous a dit de rester là. Vous pouvez le faire, mais il faut prévenir la direction. Si vous désirez rentrer à Paris, vous ne dites rien à personne, vous cessez de pleurer, et vous vous préparez pour le dîner comme si de rien n'était : vous rentrerez demain avec les autres. »

J'ai choisi de rentrer : je voulais voir. Voir quoi, je ne savais pas, mais j'avais besoin de juger des choses par moi-même. Le lendemain je suis partie avec le groupe. Je suis arrivée sur le quai de la gare Montparnasse, et là j'ai retrouvé la fille de la personne qui m'avait téléphoné pour me dire de ne pas bouger. Avant d'être arrêté, mon père avait eu le temps de remettre à son père une mallette avec tous les bijoux de ma mère et un peu d'argent. Je l'ai suivie. Je suis arrivée chez ses parents. Ils étaient trois enfants.

Et là, je me suis fait engueuler d'une manière absolument invraisemblable, parce que son père me reprochait d'avoir désobéi – ce qui était vrai –

et parce qu'il critiquait la conduite « indigne » de ma mère lors de son arrestation ; alors que mon père était resté silencieux, ma mère avait pleuré en regardant ma photo et en disant : « Elle est seule au monde… »

Je dois dire que je n'ai pas pu supporter que l'on me reproche ce qui avait été la dernière preuve d'amour de ma mère. Je leur ai donc dit que je ne voulais pas les déranger plus longtemps, et que je me proposais de partir.

Leur fils m'a raccompagnée jusque chez mes parents. Je me suis retrouvée seule dans l'appartement ; le couvert du petit déjeuner était encore sur la table, indiquant l'heure de la rafle… L'appartement était déjà vidé de tout ce qui pouvait être volé ; seuls les gros meubles lourds étaient encore en place... Je pense que les voisins et la concierge avaient dû se charger de récupérer tout ce qui pouvait l'être... J'ai passé une nuit qu'on ne peut pas dire très agréable, et puis je me suis dit qu'il me fallait quitter les lieux de toute urgence : la police risquait de venir m'y arrêter à tout moment... J'ai donc réuni quelques effets personnels et récupéré ce qui traînait sur une table de nuit : quelques bricoles, les alliances de mes parents. Et puis je suis partie.

J'étais seule au monde... J'ai passé toute une semaine en dormant dans les escaliers de service des immeubles, en m'installant dans les toilettes quand j'entendais un bruit. Je ne pouvais même pas m'y asseoir... J'avais un tout petit peu d'argent, mais je n'avais pas de carte d'alimentation, et la seule chose que l'on pouvait acheter sans tickets de rationnement, c'était du raisin. Alors je me suis gavée de raisins... De violentes coliques m'ont contrainte à l'abstinence... Je ne savais pas où aller ; je ne mangeais plus rien ; je me suis mise à errer, et je suis allée voir ceux qui me paraissaient être des relations, ou des amis de mes parents. Leur réponse était toujours la même, qu'ils soient juifs ou qu'ils ne le soient pas. Ils devaient avoir peur. Probablement la peur plus que l'indifférence. Dans le meilleur des cas, ils m'invitaient à venir prendre le thé « un jour ou l'autre », « pour parler des miens » : jamais aucun d'eux ne m'a posé la seule question vitale pour mon avenir : « Quand as-tu mangé pour la dernière fois ? As-tu faim ? Où dors-tu ce soir ? »

Au bout du septième jour, après une semaine où je n'avais pratiquement rien mangé, où j'avais dormi n'importe comment et n'importe où, j'en ai eu marre. Je n'en pouvais plus ; j'avais froid, j'avais faim, j'avais sommeil ; il n'y avait plus rien... Je me suis installée dans un escalier sur un appui de fenêtre, au huitième étage. Et je me suis dit : « Si je saute tout sera fini. » Ce rebord n'était pas large du tout. J'ai regardé le ciel et j'ai pensé : « Je ne reverrai jamais le soleil. » Alors, j'ai donné un coup de reins et je suis tombée du bon côté. Je me suis arrêtée là en me disant : « Bon, eh bien, en réalité

je ne dois pas avoir envie de sauter, puisque j'ai donné le coup de reins vers l'intérieur plutôt que vers l'extérieur. » Et j'ai repris mon errance dans les rues, en découvrant ce que l'on ne m'avait jamais appris : que les chaussures pouvaient se salir, que probablement, pour qu'elles soient propres, quelqu'un les nettoyait ; que les vêtements se froissaient… J'avais été élevée de telle manière que je pensais que tout tombait du ciel…

Mon père m'avait toujours dit qu'il avait de bonnes relations avec un industriel de son domaine avec lequel il envisageait peut-être même éventuellement une association un jour ou l'autre. Il m'avait dit que s'il arrivait quelque chose, que ce soit à l'un ou à l'autre, ils s'entraideraient. Et j'avais bien retenu qu'en cas de besoin je pouvais appeler ce monsieur. Je l'ai fait. J'ai appelé son bureau ; je me suis présentée. « Ah ! Bonjour, mademoiselle ! Comment va Papa ? » Je lui ai répondu : « Ben voilà. Papa n'est plus là, euh... »

Et la réaction de cet homme a été immédiate. « Ah ! Merde ! Mais qu'est-ce qui s'est passé à l'usine ? – Écoutez, je n'en sais rien, je sais pas du tout. – Bon, écoute, viens. Arrive. »

Le ton avait changé. Il n'y avait plus de « mademoiselle », il n'y avait plus de « vous », il n'y avait plus rien. Mais c'était aussi certainement la réaction d'un homme à la fois surpris, choqué, peut-être attristé. Je suis allée à son bureau. Et là, tout de suite, il m'a dit : « Mais, il y a des marchandises de grande valeur dans l'atelier de ton père ; sais-tu s'il y a les scellés* ? ». Je n'en savais rien. Il m'a donné rendez-vous à Aubervilliers, devant la porte de l'atelier ; il voulait « récupérer des choses » mais voulait faire sauter les scellés en ma présence… J'y suis allée seule et à pied. J'avais toujours le ventre vide.

Ils étaient deux. Lui et un autre homme. Ils ont fait sauter les scellés, ils ont ramassé la marchandise. Le dénommé Marchal est remonté dans sa voiture et il est reparti, en me laissant là. Et l'autre homme m'a offert un Viandox, le genre de boisson que l'on trouvait dans les bistros à l'époque. Il y avait une femme qui circulait en vendant des fleurs dans un petit panier : il m'a offert une rose, en me disant : « C'est peut-être le seul geste gratuit qui vous sera proposé. Je suis content de vous l'offrir. » Et puis il est reparti. Je me suis retrouvée à nouveau très seule…

J'ai alors eu l'idée d'aller voir Mme Chastel, la directrice du cours Racine, dont j'avais été l'élève. Je lui ai avoué toutes mes misères. Elle m'a dit : « Il faut que nous rappelions ce M. Marchal. » Ce qu'elle a fait… Il y a eu une rencontre entre elle, ce monsieur et moi, où la question s'est posée de savoir ce que je voulais faire. Je voulais reprendre mes études, revenir en classe... Mais pour ça il fallait bien que je loge quelque part. Elle a donc trouvé une pension de famille, à Saint-Mandé, où il a été convenu que je suivrais des règles très strictes, toujours par souci de bienséance pour une jeune fille de bonne famille, que j'irais aux cours, que je rentrerais à heures fixes et que je ne recevrais personne... Ce qui fut fait.

J'y ai vécu une semaine de grande quiétude et de bonheur physique : les personnes qui étaient dans cette pension me paraissaient très âgées, et très gentilles. Elles se rendaient compte que je devais mourir de faim, et me donnaient leur dessert... Et puis j'avais le plaisir de dormir à nouveau dans un vrai lit, un lit avec des draps propres...

Pendant mon errance, lorsque je croisais des ouvriers en bleu de travail dans le métro, je me souviens les avoir regardés avec une envie extraordinaire en me disant : « Ils ont l'air de pauvres gens, mais ils ont un lit, ils ont quelque part où entrer », ce qui me paraissait le comble du bonheur.

Au bout d'une semaine, cette directrice est revenue pleine de bonnes intentions bavarder avec le patron de la pension de famille. Quelque

chose dans ses propos a dû éveiller sa méfiance et il lui a dit : « Mais attendez... Elle ne serait pas juive, par hasard ? » La réponse de ma directrice n'a pas dû être satisfaisante ; l'homme a dit : « Ah ! Non ! Moi, je ne prends pas le risque. Je ne la garde pas. »

Il y avait par ailleurs un de mes professeurs, un prof de mathématiques, qui m'avait vue patiner au Palais de glace, et qui avait dit : « Mais c'est quand même extraordinaire. C'est quand même pas des gens comme les autres. Pour que dans cette situation elle aille patiner, et probablement gaiement, il faut bien qu'ils soient différents des autres. »

Le dénommé Marchal, qui avait très largement de quoi subvenir à mes besoins, avec ce qu'il avait récupéré, finit par me trouver une pension religieuse, à Fontenay-sous-Bois. Ça s'est mal passé parce que je ne supportais pas l'enfermement. Je ne supportais pas cette ambiance rythmée en permanence par la prière : au petit déjeuner, au déjeuner, au goûter, au dîner, avant le coucher… J'ai suivi les cours d'instruction religieuse sans y porter de réel intérêt. Lorsque j'ai communié pour la première fois, je me souviens m'être dit en pensant au Dieu des juifs : « Mon Dieu, de deux choses l'une : ou bien vous n'existez pas et ça n'a vraiment aucune espèce d'importance, ou bien vous existez et reconnaissez que je n'ai vraiment pas le choix. »

Je ne supportais absolument pas le mercredi soir, puisqu'à l'époque le jour de congé était le jeudi – ni le samedi soir –, parce que la plupart de mes compagnes de classe étaient des enfants de parents séparés, et donc elles partaient pour aller tantôt chez leur père, tantôt chez leur mère, et là, je me retrouvais seule.

Bien que le prix de la pension fût doublé, mon lit se repliait sur moi la nuit. Mais c'était quand même un lit… Très vite, le mercredi soir, je n'ai pas supporté de rester seule. Alors j'ai commencé à faire le mur. Une fois, deux fois. La troisième fois, on m'a expliqué que ce n'était pas la peine, que de toute manière il y avait une porte, que ça m'éviterait de déchirer mes vêtements et que je n'avais qu'à sortir.

À partir de ce jour-là, j'ai passé le plus clair de mon temps libre jusqu'à la Libération à rechercher des planques pour d'autres juifs.

J'avais fait la connaissance d'une concierge, du côté de la Porte dorée. C'était une brave femme, qui faisait un peu de marché noir ; elle m'envoyait porter du beurre à gauche, à droite ; elle m'utilisait comme elle pouvait. Elle était de la Charente, et elle est partie finalement y faire son retour à la terre. Elle s'était installée du côté de Bignac, où il y avait un certain nombre de fermes qui étaient assez désireuses d'accepter des « ouvriers agricoles gratuits » ; j'allais par ailleurs chercher les cartes d'alimentation d'anciens amis de mes parents ; ils prenaient ainsi le risque de me faire arrêter à leur place ! L'être humain est ce qu'il est, qu'il soit juif ou qu'il ne le soit pas. Je n'étais pas rancunière et j'ai fini par leur trouver une ferme d'accueil dans la même région. Ils avaient besoin de sécurité matérielle ; ils savaient que mon protecteur avait du répondant… Ils ont donc beaucoup insisté auprès de Marchal pour lui expliquer qu'il n'était pas prudent du tout de laisser une adolescente de mon âge dans un Paris qui allait probablement être l'objet d'événements importants, et que je serais beaucoup mieux à la campagne.

J'ai résisté autant que j'ai pu, parce que je n'avais aucune envie de partir à la campagne, aucune envie de partir avec eux. Et puis j'ai fini par être contrainte de le faire. Je n'avais pas le choix. Je suis probablement partie avec un des derniers trains qui ait quitté Paris, fin juin 44, et je suis revenue après la Libération. J'ai passé mon

bac à la session d'hiver 44 puisque je ne pouvais pas le passer, n'ayant pas de papiers, à la session normale. Et puis j'ai cherché un travail, parce que je n'avais pas d'autre moyen pour vivre, étant donné que ledit Marchal m'avait fait signer un papier pour solde de tout compte en me disant qu'il avait dépensé tout ce qui me revenait. Ce n'était probablement pas tout à fait vrai…

Les gens que je connaissais étaient très fiers de moi, parce qu'il paraît que j'avais fait de la « Résistance » en permettant à d'autres juifs de se cacher à la campagne. La plupart ne m'avaient pas beaucoup aidée. Aucun d'entre eux ne m'a jamais invitée ni à dîner ni à quoi que ce soit. Mais d'un autre côté personne ne m'avait dénoncée ; je n'avais donc pas trop à me plaindre…

Dans les temps qui ont suivi la Libération, comme tout le monde, j'ai passé des jours et des soirées à l'hôtel *Lutétia** pour voir si quelqu'un revenait. Et personne n'est revenu. Mais ça, je pense que c'est notre sort, notre lot, à beaucoup d'entre nous. J'ai travaillé, j'ai repris des études en travaillant. Vingt-cinq ans après, j'ai fait une thérapie où j'ai enfin compris que je n'étais pas vraiment coupable de la mort de mes parents ou en tout cas de ne pas être morte avec eux, et où la seule chose que je pouvais faire pour eux était peut-être d'être heureuse. C'est probablement ce qu'ils auraient souhaité, alors qu'en fait, pendant les vingt-cinq premières années, je me suis niée. J'ai beaucoup travaillé, j'ai réussi une carrière honnête. J'ai eu deux fils. Je me suis mariée pour me punir. J'ai fini par divorcer. Je me punissais. Je me sentais coupable. De quoi ? De leur mort, bien sûr. Après tout, s'ils m'avaient abandonnée c'est qu'ils auraient été mauvais. Comme ils ne pouvaient pas être mauvais, ils ne m'avaient pas abandonnée, c'est moi qui étais coupable. J'ai mis vingt-cinq ans à me sortir de ça. Je crois que j'en suis sortie. Mon fils cadet, à sa majorité, a fait des démarches sans fin pour reprendre le nom de mes parents. Je pense que la boucle est bouclée. Je me suis remariée avec un homme merveilleux, dont j'ai dit à ses obsèques qu'il avait été mon frère, mon ami, mon confident, mon complice et mon mari.

Irène

HISTOIRE D'ODETTE ET DE MOUSSA

En 1939, Odette Rosenstock a rencontré Moussa Abadi, jeune juif syrien de Damas venu faire ses études à Paris. Il était étudiant, acteur, écrivain, critique de théâtre. De son côté, elle avait fini ses études de médecine après avoir participé à la guerre d'Espagne* et volé au secours des républicains espagnols en 1938. En 1940, tombant sous le coup des lois antijuives qui interdisaient aux juifs les études et toutes les professions susceptibles de les mettre en contact avec le public, Moussa fut chassé de la Sorbonne ; Odette de son côté ne pouvait plus exercer la médecine pour les mêmes raisons. En 1942, ils se rejoignirent à Nice. Ensemble, ils créèrent le réseau de résistance « Marcel » avec la complicité active de l'évêque local, monseigneur Rémond. Ce réseau s'était donné pour mission de sauver des enfants juifs... Grâce à la protection active et constante de l'évêque, Odette et Moussa endossèrent de fausses identités et des professions d'emprunt : Odette devint « Sylvie Delattre, assistante sociale » et Moussa devint « M. Marcel, inspecteur de l'enseignement catholique du diocèse de Nice ». En deux ans, ils sauvèrent 527 enfants juifs, qu'ils localisaient, qu'ils « formaient » à la vie clandestine, avant de les cacher dans des institutions religieuses, dans les couvents ou dans des villages de montagne.

Pendant cette période, Moussa ne dormait jamais deux soirs de suite au même endroit. Il déjoua à plusieurs reprises les pièges de la Gestapo*. Mais le 25 avril 1944 Odette fut arrêtée par la milice*, torturée puis déportée successivement dans les camps de concentration de Birkenau* puis de Bergen-Belsen*.

Une chance incroyable, ajoutée aux faits que son métier de médecin lui évita certainement de commettre certaines erreurs, contribua à lui permettre de ne pas être éliminée…

Au printemps 1945, Moussa apprit qu'Odette avait survécu à l'enfer des camps… Fou de joie, il lui fit parvenir un télégramme sur le lieu de l'une des étapes de son retour vers Paris. Ce message était à la fois une déclaration de joie et d'amour…

Odette et Moussa se marièrent après la guerre.

Ils ne sont aujourd'hui plus de ce monde mais les 527 enfants qu'ils avaient contribué à cacher se sont réunis au sein de l'association des

« Enfants et amis d'Abadi » du nom de ce couple hors du commun qui n'hésita pas à braver d'effroyables dangers pour leur sauver la vie…

LETTRE D'AGNÈS

Mes chères étoiles,

À chaque instant je pense à vous et pourtant je me suis tue pendant soixante ans. Soixante ans déjà...

Je vais continuer de passer sous silence le 16 juillet 1942, l'abandon de mon père vers une destination inconnue, le bruit de mes pas sur les trottoirs de Paris, les trains bondés, les passeurs véreux, la ligne de démarcation, le bruit des bottes.

Permettez-moi de taire aussi l'arrestation de ma mère, en août 42, à Lyon ; mes sanglots étouffés sous un porche, abandonnée ; l'évasion de ma mère, ses bras retrouvés… Enfin fuir ensemble, fuite infernale vers une hypothétique survie…

Vous savez, j'aurais dû être parmi vous… Mais la mort n'avait pas voulu de moi… Pourquoi ?

Dans la tourmente, j'avais perdu mon nom et par la même occasion celui qui me l'avait donné. Enfant de personne, car « Maman » s'appelait dorénavant « Mammy ». Une mère soldée en somme. C'était mieux que rien…

Que le temps passe ! En janvier 43, j'étais alors une fillette de 9 ans, lors de mon arrivée à Méaudre, petit village du Vercors* emmitouflé sous la neige. La nature était si belle ! Les forêts de sapins, les champs recouverts d'un manteau de velours étincelant au soleil et d'une fragile haleine exhalée. La neige se taisait aussi, ensevelissant mes pas et mon passé, comme respectueuse… Je la caressais de mes mains, elle s'égouttait dans le creux de mes paumes… Je m'y abandonnais, elle gardait l'empreinte de mon corps. Je ne dirai jamais assez l'émotion douloureuse de ce premier rendez-vous…

« C'est chez vous ! » dit Mme G… Mme G !… Elle me paraissait énorme, affublée d'un derrière gros comme une montagne… À chaque pas, il se balançait comme un carillon silencieux. J'étais fascinée…

C'était chez nous… Une maisonnette attenante à la ferme. Mais après…

Vous savez bien qu'être juive était alors une maladie incurable, qui, inexorablement, devait m'emporter. Mais très vite, la peur du quotidien s'estompait… Cependant, la vraie peur, attachée au son de ma voix, se tenait là, tout au fond de moi. J'avais pris l'habitude de me taire et de me fondre dans cette nature : nature complice où même mon ombre devait se dissoudre. Petit à petit, je devenais un non-être et j'appris à ne pas exister pour ne pas nous trahir. Les jours succédèrent aux jours…

Imperceptiblement, les sapins secouaient la neige attardée. Les champs en s'évaporant laissaient apparaître des tas de fumier fumant au soleil... Odeurs inoubliables… La glace des chemins se gravillonnait. Les premiers tussilages sur les talus ponctuaient d'or la terre réchauffée. Les crocus se frayaient un chemin entre les plaques de neige. J'entendais l'eau ruisseler de toutes parts. Le printemps s'annonçait ; j'en étais tout étourdie.

L'été éclata un matin sans me prévenir. Les blés ondoyaient et doraient à vue d'œil, dans une atmosphère chaude, généreuse. Les insectes bruissaient. Les sapins sentaient bon la résine.

Je me sentais protégée… Oui ! Je me sentais protégée ! Protégée de qui ? Je le savais. Vous aussi, vous le savez. Mais pour quelle raison ? Les paysans le savaient-ils vraiment ? C'était simplement dans leur nature : j'étais leur secret caché et inavouable. Aussi, je ne me cachais plus. J'étais devenue quelque chose d'animé sans âme. On s'habitue au temps arrêté…

« Elle est bien calme cette petite ! Elle ne dit jamais rien… » Une parole caresse. Un sourire de paix éphémère. Nous allions à la rencontre des gens d'en haut. Leur silence était magnificence.

L'automne flamboyait déjà… Le crissement des feuilles accompagnait nos longues marches à la quête d'un œuf, d'un fromage. La vie était belle ! Belle… Malgré ces offrandes sur une tombe annoncée…

Je me souviens de ces instants sublimes.

L'accoucheuse au fond des bois… Une sorcière à la voix chaude, au cœur immense, au plein savoir. Généreuse. Masure dans les pins. Sol de

terre battue. Longue table servant à tout… À pétrir, à manger, à soigner, à écouter… Chaude pénombre…

Je me souviens de la fromagère suisse… complice. Le café fumant partagé ; de la crème à gogo… La guerre ! Quelle guerre ?

Je me souviens du boulanger. Il apparaissait là comme s'il nous attendait, tout saupoudré de blanc. Alors il nous offrait un pain, un bol de farine, pudiquement : lui savait…

Je me souviens de la joyeuseté du bassin, du flot ininterrompu d'eau de source chatoyante, du trop-plein s'écoulant dans un tronc couché, évidé…

« Tu vas te mouiller ! » « Fais attention au cheval ! Il peut te donner un mauvais coup ! » grondait Mme G. Je me tenais là, subjuguée par son gros derrière. Je n'avais pas peur des vaches revenant des champs, du cheval du labour, du chien de je ne sais où… Oui, j'aurais aimé être ce chien, ces vaches, ce cheval…

Je ne me cachais plus, mais tout en moi était caché… Je regardais ce monde avec acuité ; je l'écoutais avec avidité pour ne rien perdre, pour ne jamais vous oublier, pour ne pas sombrer.

La nature omniprésente était la meilleure façon de rentrer en moi.

Mais une petite fille devait aller à l'école ! Quelle école ? L'école de Méaudre voyons ! Une vraie école : une classe pour les filles, une autre pour les garçons.

Ce dont je me souviens, c'est de ne plus me souvenir de rien… Sauf des séances de souffrance infligées par l'institutrice, Mme L. Elle voulait savoir d'où je venais… Elle voulait savoir si ma gouvernante était bien ma gouvernante et… pourquoi pas ma mère ? Si le jeune homme qui venait nous voir de loin en loin était un simple ami… et pourquoi pas mon frère ? Elle voulait savoir… Elle n'a jamais su ! J'étais devenue une tombe. L'école, une prison. Dieu merci, la nature m'abritait, sublime.

Les saisons succédaient aux saisons. Les heures s'égrenaient, longues.

Mais l'horreur s'annonçait, inexorable. Les Allemands envahissaient le Vercors. Ils furent arrêtés à Saint-Nizier… Pour combien de temps ? Que faire pendant ce temps suspendu ? Revivre le passé… Imaginer l'avenir… Fuir. Encore fuir… Mais où ? Les Allemands brûlèrent Saint-Nizier. Ils brûlèrent Vassieux. Ils étaient là. Là, tout près de moi….. Bottés, casqués, armés. Ils cherchaient les résistants… Ils n'avaient que faire d'une petite fille sans étoile jaune… Mais ceux qui me protégeaient depuis si longtemps auraient pu m'offrir sur un plateau, désespérés par la perte de l'un des leurs, la destruction d'une ferme, l'anéantissement d'une vie de labeur.

Nous attendions là, fatiguées. J'étais devenue transparente. La vie reprenait, alourdie par la mort.

Taire. Le fusil pointé sur le résistant. Le coup de feu. Le jeune homme gisant derrière la maison.

Taire. L'inconnu fauché à l'orée du bois. Les camions emportant ceux qui n'étaient pas encore morts vers la mort.

Je me sentais en suspens, comme un souffle.

Puis un jour, plus d'Allemands ! Imaginez là-haut, où que vous soyez : plus d'Allemands !!!

Je ne pouvais pas reprendre mon souffle. Je ne me souviens en fait plus de rien… L'impossibilité d'être autre chose.

Puis un autre jour, plutôt à la naissance de cet autre jour, nous fûmes réveillées par des coups à la porte. Des coups redoublés. Des cris. Des bruits de crécelles, de casseroles. Des rires même…

« C'est la Libération ! Ouvrez ! C'est la Libération !!! Ouvrez donc !! »

Sans faire de bruit, nous avions quitté le lit. Il aurait pu grincer… Je me vois, rivée sur une chaise, toute recroquevillée comme une petite vieille…

« La Libération ! Pas possible… C'est pas possible ! » chuchotait ma mère, incrédule.

Les heures s'écoulaient. Le soleil filtrait à travers les persiennes. De temps en temps, on cognait à la porte. « C'est la Libération ! N'ayez pas peur ! Elles sont là ! J'en suis sûr !… »

Le 16 juillet 42, la concierge avait aussi crié : « Ils sont là ! J'en suis sûre ! » Le policier n'avait pas eu besoin d'enfoncer la porte…

« Maintenant, ils n'ont qu'à enfoncer la porte », chuchotait ma mère. Enfoncer la porte : Qu'y avait-il derrière la porte ? Que trouveraient-ils ? Une petite fille apeurée, terrorisée, inconsolée…

Le soleil avait disparu. Les cloches sonnaient à perdre haleine et nous parvenaient assourdies, essoufflées. Était-ce le glas ? Je n'ai jamais eu l'oreille musicale…

« Mademoiselle B ! Agnès ! Ouvrez enfin !… »

Quelle autre issue ? Je me vois descendre l'escalier, épuisée. Il craquait… Il aurait bien pu avoir la décence de se taire… Je butai contre un tabouret. Décidément ! Ma mère ouvrit la porte.

Le soleil se couchait ; le ciel rose et doré m'aveuglait : ils étaient tous là. La grosse Mme G, Blanche, Marie et le chien…

« C'est la Libération ! Écoutez les cloches ! Écoutez !!!… »

Blanche me prit dans ses bras, pour la première fois, m'embrassa.

« Ma petite Agnès ! T'es libre ! T'es libre !! » Sa sœur en fit autant… Je me sentais secouée, ballottée, caressée : une poupée de chiffon…

« Tu es libre ! Tu comprends ? »

J'étais libre… Je venais de vivre comme un rat. Je m'étais terrée et, la peur encore prégnante, je me laissais faire… Je les regardais, absente… Alors, je vis leur joie s'éteindre. Ils se redressèrent, se turent, déçus. En silence, ils s'éloignèrent, nous laissant là, sur le pas de la porte…

« Ces juifs ! Ils ne sont jamais contents !… »

Et nous, seules dans la nuit, nous n'avions même pas dit MERCI.

Mes chères étoiles, je ne sais pas pourquoi je vous ai raconté tout ça… Je suis maintenant une vieille dame… À chaque instant de ma vie, depuis soixante ans, je me demande : « Pourquoi pas moi ? Pourquoi pas moi ?… »

Il n'y a que vous qui ayez la réponse et, quand le moment viendra, vous me la donnerez de vive voix.

Agnès

LETTRE DE CATHERINE

Chère Maman Pé

Aujourd'hui, tu es morte, et moi j'ai 66 ans… Je veux t'écrire une dernière lettre. Quand tu m'as reçue chez toi, il faisait très beau, et j'allais avoir 7 ans. Pour colmater ma peine de quitter Maman et de ne pas te connaître encore, tu as bien insisté pour me dire que j'avais l'âge de raison… Je n'en doutais pas. Je me sentais grande. Plus grande que les adultes qui faisaient des histoires et surtout qui mentaient. Vous mentiez en disant « que c'était mieux avant ». Pour moi, c'était ça la vie vraie, les restrictions et les jeunes Allemands qu'on n'osait pas regarder. Tu as gardé d'autres enfants, en même temps que moi. C'était le grand Jacques et ses petites sœurs, Alice et Annette. Eux, je savais qu'ils étaient juifs. Et il fallait n'en parler à personne. J'avais bien appris ça car, lorsque la maîtresse d'école nous a demandé « la morale de l'histoire » après *Le Petit Chaperon rouge*, je me suis écriée : « C'est qu'il ne faut pas parler à ceux que l'on ne connaît pas. » Et j'ai eu un bon point.

C'est moi que tu envoyais faire les courses – avec les tickets d'alimentation (c'étaient des petits timbres) – et jamais tu ne me donnais suffisamment et je devais dire à la boulangère et au marchand de lait : « Mme Pommier viendra payer demain. » Non, tu ne sortais pas de la maison. Tu avais de l'asthme. J'allais à la pharmacie te chercher des feuilles d'eucalyptus. Tu les faisais brûler…

Tu as caché aussi le petit Albert. Lui aussi il fallait le protéger. Car il n'avait même pas l'âge d'aller à la maternelle.

À l'école on nous a fait une terrible piqûre dans l'épaule. Il y avait des filles de paysans. Ceux-là, c'étaient des « collabos ». Il ne fallait pas passer devant chez eux.

Heureusement, personne ne m'a dit que ma maman était juive et qu'en plus, elle était dans la résistance. Alors je croyais que j'étais chrétienne puisqu'on m'avait baptisée à 6 ans, à Ozoir-la-Ferrière au printemps 42. C'est à Villeneuve-sur-Yonne que tu m'as envoyée au catéchisme et j'y ai appris la poésie « … le fruit de vos entrailles… ». (Je n'avais jamais appris cette poésie-là ; pourtant j'en savais plein par cœur…)

Tu m'as envoyée à la messe le dimanche à 10 heures. Je n'avais pas le sou pour mettre dans la bourse en velours, alors j'y glissais un caillou. À la messe, il y avait plein de jeunes gens très polis qui enlevaient leurs calots et prenaient des airs d'anges innocents. Pourtant c'étaient des Allemands : que faisaient ces diables dans l'église ?

Maman Pé, tu m'as beaucoup aidée à faire mes devoirs le soir dans la grande cuisine ; grâce à toi, j'ai été toujours dans les cinq premières en classe.

Quand il y avait des bombardements, tu nous envoyais sur la colline, dans le petit bois d'acacias. Les acacias étaient en fleurs – je les mangeais et je pleurais en regardant vers l'ouest, vers Paris, où il y avait ma maman. Le ciel était rouge. C'était long d'attendre la nuit pour rejoindre la maison. Il s'était passé quelque chose. Nous ne savions pas quoi.

Chez nous il y avait un homme de peine, Père-Caff (M. Caffaro). Il était exempté, il boitait, il chantait la *Tosca*. Mais parfois je devais aller au devant de lui lorsqu'il revenait avec la « barbaque ». Car il buvait et chantait *La Marseillaise* sur son vélo. Je devais le faire taire avec mon charme de fille. Il m'obéissait. Il sculptait des pieds de chaises pour la scierie et il savait faire des pâtés en croûte. La croûte était en forme de maisonnette-chaumière.

À Noël, ils nous ont fait un immense arbre de Noël qui était même courbé au plafond. Le grand

Jacques, qui allait au caté, se préparait pour sa communion ; il lisait un livre très niais pour ça. Je pensais en moi-même qu'un juif ne doit pas faire le chrétien. Heureusement que vous m'avez protégée en me laissant totalement ignorante. C'était la meilleure protection.

Je ne savais même pas que mon père était mort en Espagne dans les Brigades internationales*. Comme ça, je ne savais pas que tous les enfants ont un père, puisqu'il n'y en avait plus beaucoup autour de nous.

L'autorité venait des femmes. La méchanceté venait des hommes.

Je savais dire « *Raouste* » – pour être vache.

Chez toi, Maman Pé, j'ai vécu dans la nature. Les étés n'ont plus jamais été aussi brûlants, les hivers n'ont plus jamais eu autant de neige. Je n'ai pas pensé que je serais séparée de toi et de Villeneuve-sur-Yonne, et des magnifiques inondations de l'Yonne au printemps, avec les mésanges.

De 1942 à 1945, il s'est écoulé toute une vie et son univers. Ensuite je n'ai pas été vivre avec Maman car je suis restée jusqu'à 17 ans dans la maison d'enfants de Sèvres. J'ai eu l'âge de raison et je suis devenue presque comme les grands…

Chère Maman Pé, je te remercie pour tout ce que tu as fait pour moi et les autres enfants. Je t'embrasse bien fort.

Catherine

LETTRE DE ROSETTE

Maman,

Ce mot qui me fait tressaillir, je ne l'ai plus prononcé depuis l'âge de 9 ans. Aujourd'hui, cela fait cinquante-neuf ans. Ce mot si doux, si tendre, me manque tant.

Tu étais partie de Pologne pour la France, où tu as cru que tu allais enfin vivre heureuse, sans antisémitisme*. Tu as rencontré mon père, il était né à Varsovie. Vous vous êtes mariés à la mairie du 11e arrondissement de Paris. Tout promettait d'être merveilleux malgré la difficulté du langage et l'adaptation à cette nouvelle forme d'existence

– sans les tiens restés en Pologne. Ma sœur naquit, et moi après… Après plusieurs déménagements, nous nous sommes installés dans un appartement agréable, pas loin de la place de la « République » : quel beau mot !…

Papa travaillait, toi, Maman, tu faisais tout pour nous rendre heureux, et nous l'étions. Je n'ai que des bons souvenirs de cette époque.

Malheureusement, quelques jours avant l'anniversaire de mes 9 ans, alors que tu devais venir m'apporter mon gâteau et que nous devions souffler ensemble les bougies, ma joie s'est transformée en tristesse : tu fus arrêtée sur la dénonciation d'une voisine pour quelques deniers : « Une juive de moins… »

L'autobus de ramassage des juifs te transporta avec Papa à Drancy fin 1942. J'étais avec ma sœur chez une nourrice où tu nous avais placées, avec l'aide de l'OSE*, pour nous cacher. À partir de ton arrestation, une vie errante commença.

J'allais de famille en famille, dans des endroits à chaque fois différents. Nous étions traquées comme des bêtes. J'ai cru qu'un jour je te retrouverais : je te recherche encore…

Pourtant, je sais que tu as été réduite en cendres à Auschwitz. Je ne peux et je ne veux accepter une mort aussi sordide.

Tu étais heureuse, joyeuse, belle… Les nazis t'ont anéantie car tu étais « juive ». Ils m'ont aussi

anéantie en partie. J'ai voulu t'honorer en vivant debout ; je voulais que tu sois fière de ta fille. Je t'ai portée dans mon ombre tout au long de ma vie. J'ai formé une famille. J'ai eu trois enfants qui, à leur tour, m'ont donné trois petits-enfants. La vie a continué et continue : j'ai à présent 68 ans.

Pourtant, rien ne me rend complètement heureuse.

Je n'ai pu partager aucune joie avec toi, mais tu étais toujours indirectement présente dans ma vie. Combien j'aurais aimé te faire plaisir : combien de fois ai-je pleuré, car j'avais besoin de toi, de ton amour, de cet amour que seule une mère sait donner – car tu es irremplaçable.

Je regarde vivre mes enfants, je les entends m'appeler « Maman » : quelle chance ils ont d'avoir une mère ! Le savent-ils ?

Maman, je me suis promis de transmettre ton histoire, celle de Papa et de tant de juifs partis en fumée, assassinés par les nazis.

Je suis à la retraite, je suis libre, je n'ai plus de responsabilités, enfin !... Mes enfants ont quitté le nid et volent à présent sans moi.

Maman, j'ai erré, seule, après la guerre : j'avais 12 ans et je croyais en ton retour qui ne vint jamais... J'étais devenue orpheline au fur et à mesure des années. J'ai compris ce que signifiait ce mot. « Orpheline » : ne compter que sur soi, avancer seule dans la vie, sans foyer, sans la chaleur d'une famille... Combien de fois ai-je pensé : « À quoi bon cette vie ? » Mais ton ombre, Maman, m'interdisait de finir ma route. Tu as été assassinée, je te devais de vivre, de transmettre ta mémoire, afin que tu vives longtemps au-delà de ma propre vie.

Maman, je n'ai jamais pu, depuis l'âge de 9 ans, te serrer contre moi, te gâter, et surtout t'aimer.

Il ne me reste de toi qu'une photo de famille qui transpire le bonheur.

Lorsque je la regarde, je ne peux croire que tu as été gazée, brûlée, réduite en cendres par les nazis.

Tu avais 42 ans ; ta vie était à peine entamée. Ton visage est si vivant…

Pour moi tu n'es pas morte, Maman : je t'aime.

Ta fille Rosette, qui t'aimera jusqu'à son dernier souffle.

Rosette

LETTRE DE JUDITH
ENFANT D'ENFANT CACHÉ

Bruxelles, 13 mars 2002

Lettre à la Mort

Vous nous les avez laissés ? En êtes-vous sûre ? Chaque jour, en eux, nous sentons votre présence. Chaque jour, nous pensons à vous. Chaque jour, à leur suite, nous nous demandons pourquoi nous sommes en vie puisque pas tout à fait vivants.

Oui, nous avons tous cherché à nous maintenir en vie, nous les enfants d'enfants cachés, à nous convaincre que nous sommes les héritiers d'une culture qui, comme eux, n'est plus tout à fait vivante. Avons-nous d'ailleurs jamais été vivants, nous qui sommes nés bien après votre passage ? Nous avons hérité de vous, sans jamais vous avoir connue. Vous avez laissé à nos parents des souvenirs et des émotions bruts sur lesquels ils n'ont pas beaucoup de contrôle. Pourtant, quand ils évoquent leurs souvenirs, c'est presque toujours sans émotion. Et quand les émotions surviennent, c'est de nulle part, tout à coup, sans prévenir. Il paraît que les psychologues appellent cela le clivage et que c'est courant, quand vous êtes passée trop près.

Nous, nous avons les émotions, mais pas les souvenirs. Oh, oui, nous en avons bien quelques bribes que souvent, nous oublions pour ne pas nous lasser de les réentendre. Quelques bribes de souvenirs, toujours les mêmes… Vous n'avez pas réussi à prendre nos parents mais vous avez pris leur mémoire.

Nous, vous nous avez autorisés à construire des « films », des demi-rêves qui au moins donnent sens à ce que nous ressentons ; sens à ce que nous n'avons pas vécu. Ce que nous ressentons ? Ce que nous n'avons pas le droit de ressentir, puisque nous n'avons jamais rien vécu d'exceptionnel, de dramatique. Aussi loin que nous puissions remonter, notre vie a été belle. Nous ne pouvons pas nous plaindre : pas de guerre, une belle maison, de beaux vêtements, de bonnes écoles… et vous… vous que nous n'avons pas même connue ; vous qui, sans que nous en ayons toujours eu conscience, avez été omniprésente ; vous qui êtes dans les yeux de nos parents ; vous qui n'avez jamais pu les lâcher complètement.

Judith Pevzner

ANNEXES

Résumé des interdictions faites aux juifs

Exclusion : de la nationalité française, de l'armée, de la fonction publique, de la presse, des activités culturelles, des professions libérales.

Confiscation : des entreprises juives, des automobiles, des bicyclettes, des postes de radio.

Interdiction : de changer de domicile, de quitter son logement entre 20 h et 6 h du matin, de prendre le métro à l'exception du dernier wagon.

Obligation : de porter l'étoile jaune dès l'âge de 6 ans en zone occupée (mai-juin 42).

Interdiction de fréquenter : les restaurants, les cafés, les cinémas, les salles de concert, les marchés, les foires, les piscines, les bains-douches municipaux, les terrains de sport, les champs de courses, les musées, les bibliothèques, les cabines téléphoniques, les magasins sauf entre 15 h et 16 h, les hôpitaux.

Les rafles

14 mai, 20-25 août, 12 décembre 1941 : 3 grandes rafles successives débouchent sur l'arrestation et l'internement de 8 700 juifs étrangers en zone occupée par la police française.

20-21 août 1941 : création du camp de Drancy.

16-17 juillet 1942 : rafle du Vel' d'Hiv' à Paris : plus de 13 000 juifs sont arrêtés par 4 500 policiers français : 4 000 adultes et plus de 4 000 enfants sont internés au vélodrome d'Hiver, 5 000 personnes à Drancy.

19 juillet 1942 : les premiers déportés français sont gazés à Auschwitz.

Août 1942 : les autorités françaises demandent l'autorisation de laisser déporter les 4 135 enfants de Drancy. Parmi eux, 2 000 enfants ont moins de 6 ans.

26-28 août 1942 : premières grandes rafles de juifs en zone non occupée. 10 000 juifs « apatrides » de la zone libre sont livrés par Vichy à la Gestapo pour être « déportés vers l'Est ».

Décembre 1942 : près de 42 000 personnes ont été déportées depuis la France en l'espace de six mois.

Février à décembre 1943 : 17 000 déportés depuis Drancy.

2 juillet 1943 : Drancy passe sous administration allemande.

Janvier à août 1944 : 14 800 déportés depuis Drancy.

Été 1945 : retour de 2 500 survivants sur 76 000 juifs déportés, dont 11 000 enfants…

Lexique

Abwehr **:** service d'espionnage de l'armée allemande.

Antisémitisme (p. 129) **:** mot inventé en 1879 par le journaliste allemand Wilhelm Marr, pour décrire la haine raciale dirigée contre les juifs. La création de ce terme marque l'avènement d'une idéologie raciste, sensiblement différente de l'animosité et de l'hostilité traditionnelles manifestées par certaines autres religions, qui se situaient sur le terrain d'une rivalité purement religieuse.

Aryen : pour les nazis et leurs émules, groupe racial supposé « supérieur » et composé principalement d'individus de race blanche originaires d'Europe du Nord.

Association des enfants cachés (p. 9) **:** association indépendante regroupant les personnes juives qui, étant enfants durant la Seconde Guerre mondiale, ont été cachées pour fuir les persécutions raciales. Elle a été créée en 1992, pour permettre à ses adhérents de s'exprimer, de témoigner et de transmettre leur vécu. Elle a mis en place des groupes de parole, qui proposent aux enfants cachés de se retrouver, d'exprimer leurs difficultés du passé et d'être à l'écoute d'autrui. Elle a constitué une « mémothèque », formée de témoignages complets d'enfants et de sauveurs. Elle a réalisé et publié une étude statistique intitulée « Mémoires d'enfants », qui constitue un document pour les chercheurs en histoire, en sociologie, en psychologie. Elle a dressé, à partir de toutes les sources éparses existantes, deux cartes des principaux camps de la *Shoah* : l'une pour la France, l'autre pour le reste de l'Europe. Elle édite un bulletin trimestriel diffusé dans le monde entier, qui publie de nombreux articles d'histoire sur le sauvetage individuel ou collectif, et des avis de recherche en vue de retrouver des sauveurs ou des compagnons de route.

Association des enfants cachés
CDJC
37, rue de Turenne
75003 Paris
Tél./Fax : 01 42 78 60 30
Permanence : mardi 14 h 30 - 17 h
E-mail : enfants.caches@memorial-cdjc.org
Site Internet : parolesetoiles.com

Auschwitz (p. 37) **:** le plus connu des complexes concentrationnaires créés par l'Allemagne nazie. Installé en haute Silésie, à 60 km de Cracovie, non loin de la petite ville polonaise d'Osjewice, il a été ouvert le 14 juin 1940. Il regroupait plusieurs camps dont Auschwitz II-Birkenau. Auschwitz servit d'abord à exterminer des prisonniers politiques polonais, jusqu'à ce que les nazis et les directeurs de la firme IG Farben décident d'y installer une usine de pétrole et de caoutchouc synthétiques en comptant sur une main-d'œuvre d'esclaves gratuite. Trois millions de personnes vont trouver la mort à Auschwitz (deux millions et demi gazées et 500 000 mortes de faim ou d'épuisement). Auschwitz verra passer par la chambre à gaz jusqu'à 6 000 victimes par jour à partir de 1942, essentiellement des juifs venus de toute l'Europe.

Bergen-Belsen (p. 96) **:** camp de prisonniers de guerre créé en 1940, où moururent des milliers de prisonniers soviétiques en 1941 et en 1942. Bergen-Belsen devint un camp de concentration pour les juifs à partir d'avril 1943. Anne Frank y mourut du typhus en mars 1945. Dans ce camp, disparurent, selon différentes sources, entre 50 000 et 150 000 hommes, femmes et enfants.

Birkenau (p. 96) **:** *voir* Auschwitz.

Brigades internationales (p. 124) **:** La France et l'Angleterre choisissent de ne pas intervenir dans la guerre civile qui oppose les républicains espagnols aux partisans de Franco. L'Allemagne et l'Italie, elles, apportent un soutien massif à Franco. Dès octobre 1936, des hommes et des femmes affluent du monde entier pour se battre aux côtés des républicains espagnols. Ils sont français, tchèques, américains, italiens, allemands, cubains... Ils se battent contre les troupes franquistes, les armées hitlériennes et mussoliniennes. Ils ont tout quitté, laissant derrière eux leur famille et leur travail. Lucides, ils savaient qu'en défendant l'Espagne républicaine, ils protégeaient leur propre pays en essayant de ralentir la montée du fascisme en Europe.

Drancy (p. 25) **:** c'est une barre de 1 200 logements en forme de U, construite dans les années trente, transformée en camp d'internement par le gouvernement de Vichy à partir de 1941. Pendant trois ans, ce camp a fonctionné comme le principal lieu de départ vers les camps d'extermination nazis : 67 des 79 convois de déportés juifs partiront de Drancy. D'où son surnom : « antichambre de la mort ».

Étoile jaune (p. 7) **:** la 8e ordonnance allemande du 29 mai 1942 rend le port de l'étoile jaune obligatoire en France pour les juifs de plus de 6 ans, en zone occupée. Le port de l'étoile jaune avait été imposé en Pologne dès septembre 1939 puis en Allemagne et dans les territoires occupés en septembre 1941.

Führer **:** mot signifiant le guide, le dirigeant et désignant Hitler.

Gestapo (p. 96) **:** police secrète de l'État nazi, contraction des mot allemands *Geheime Staatspolizei*. Créée en 1933 par Göring, la Gestapo, devint sous l'autorité de Himmler, un instrument de contrôle et de terreur qui joua un rôle de premier plan dans la traque et les tortures des résistants et dans la persécution des juifs.

Ghetto (p. 5) **:** terme désignant une zone réservée, où les juifs étaient obligés de vivre sous le IIIe Reich. Les nazis ont créé 350 ghettos obligatoires et murés en Europe.

Guerre d'Espagne (p. 93) : le 18 juillet 1936, les militaires espagnols partisans du général Franco se soulèvent contre la République. C'est le début d'une guerre civile, qui déchira l'Espagne jusqu'à la victoire finale de Franco, en 1939.

Holocauste : terme utilisé pour désigner l'élimination des juifs par les nazis et leurs alliés. Expression utilisée en alternance avec le terme hébreu *Shoah*. Chez les Grecs et les Hébreux de l'Antiquité, l'holocauste était un sacrifice religieux.

Hôtel *Lutétia* (p. 87) : hôtel parisien dans lequel la Gestapo installa son quartier général. Il servit de point d'accueil des déportés, après la libération des camps.

Ligne de démarcation (p. 19) : elle séparait, jusqu'au 11 novembre 1942, la zone « libre », où s'exerçait l'autorité du gouvernement de Vichy, de la zone occupée par les Allemands. Elle s'étirait de Bayonne à la Suisse, son tracé ayant été fixé par la convention d'armistice du 22 juin 1940. Elle ne pouvait être franchie qu'avec une autorisation des autorités allemandes (*Ausweis*). En novembre 1942, les Allemands envahirent la « zone libre »…

Mémorial de Caen (p. 10) : le Mémorial de Caen n'est pas seulement le musée de la Seconde Guerre mondiale et du débarquement de 1944. Sa démarche englobe désormais la seconde moitié du XXe siècle. Il évoque donc le monde

à l'heure de la guerre froide, mais aussi les grandes questions qui ont bouleversé notre histoire : le non-alignement, la fin des colonies, la Chine communiste, la construction de l'Europe. Le Mémorial n'en reste pas là : il offre également une analyse sur les mécanismes de la paix et s'achève par un observatoire de la planète. Le Mémorial de Caen invite ainsi chaque visiteur à être un « découvreur de mondes », à penser la paix et à être acteur de son siècle.
Site internet : http://www.memorial-caen.fr/

Milice (p. 96) **:** corps paramilitaire de « volontaires français », créé par le gouvernement de Vichy en janvier 1943 pour soutenir les forces allemandes d'occupation contre la résistance française. 30 000 miliciens se livreront à une lutte sans merci contre la Résistance. Ils se rendront célèbres par des exécutions sommaires, des tortures et des assassinats (Maurice Sarraut, Victor Basch et sa femme, Jean Zay...). Ils joueront un rôle de premier plan dans la traque et la persécution des juifs.

Nazi (p. 7) **:** abréviation de *national sozialistisch*. Désigne les membres du parti national-socialiste allemand.

Pogrom : agression, accompagnée de pillages et de meurtres, dirigée contre les juifs d'un ghetto, tolérée ou soutenue par le pouvoir. Mot inventé en Russie dans les années 1880.

OSE (p. 130) **:** l'Œuvre de secours aux enfants est une organisation d'entraide humanitaire de la communauté juive. Son action fut déterminante dans la survie des enfants juifs sous l'Occupation : elle prit en charge plus de 1 000 d'entre eux.

En juin 1940, à l'approche des troupes allemandes, l'OSE décida d'évacuer les enfants dont elle avait la charge de la région parisienne vers le sud, plus particulièrement en Creuse. Dans les mois qui suivirent, l'OSE fut intégrée à l'UGIF (*voir* ce terme). L'OSE continua donc son travail de façon semi-clandestine. Elle accueillit, dans ses maisons de la zone sud, les enfants des familles juives réduites à la misère par les interdictions professionnelles, internées ou déportées. Face au danger, dès 1942, l'OSE entama également un travail clandestin de protection des enfants, cherchant à les placer dans des familles d'accueil sous de faux noms.

Rafles (p. 36) **:** vagues successives d'arrestations des juifs en France entre 1941 et 1944. Les plus célèbres sont celles de mai, août et décembre 1941, et surtout celle du 16 et du 17 juillet 1942, dite « rafle du Vel' d'Hiv » à Paris. Les premières rafles de juifs en « zone libre » eurent lieu à partir d'août 42.

Reich **:** traduction allemande d'« empire ».

Scellés (p. 79) **:** cachet de cire sur bande de papier ou d'étoffe, apposé par l'autorité de justice sur la porte du domicile des juifs qui avaient été raflés.

Shoah **:** la *Shoah* (« anéantissement », « destruction », en hébreu) a entraîné la destruction systématique de 6 millions de juifs (soit les 2/3 de la population concernée…) par le régime nazi et ses collaborateurs, durant la Seconde Guerre mondiale. En France, sur 76 000 juifs déportés, dont 11 000 enfants, seulement 2 500 survivants reviendront des camps de la mort après 1945.

SS : abréviation de *Schutzstaffel* : section de protection. À l'origine, garde personnelle de Hitler désignant par extension des troupes d'élite fanatisées, incarnant un pouvoir de police et dédiées à la garde des camps, aux travaux d'extermination (juifs, Russes, Polonais…) ou « d'épuration » de l'armée allemande.

UGIF (p. 32) **:** organisme à caractère racial, l'« Union générale des israélites de France » a été créée par Vichy, sous la pression des nazis, pour regrouper en une seule organisation les œuvres d'entraide et d'assistance juives.

Vel' d'Hiv (p. 36) **:** abréviation de vélodrome d'Hiver. C'est un stade dédié aux compétitions cyclistes. Dans la nuit du 16 au 17 juillet 1942, 9 000 policiers et gendarmes français arrêtèrent, à Paris et en banlieue, 12 884 juifs : 3 031 hommes, 5 802 femmes et 4 051 enfants. Ils furent tous rassemblés au Vel' d'Hiv, puis conduits aux camps de Drancy, Pithiviers ou Beaune-la-Rolande, avant d'être déportés vers Auschwitz. Une quarantaine d'hommes y survécurent miraculeusement, jusqu'à l'arrivée des troupes russes en 1945. Aucune femme, aucun enfant n'échappa à la mort.

Vercors (p. 102) **:** région des Alpes françaises où se réunirent des résistants, qui y affrontèrent les troupes allemandes en 1944. Dès 1940 le Vercors, situé en zone libre, fut un lieu de refuge pour les victimes des mesures de discriminations

politiques ou raciales de Vichy. Avec l'occupation de la zone sud en novembre 1942, il devient également un site de résistance, pour ceux qui refusent l'idée d'une France soumise. Les réfractaires au Service de travail obligatoire (STO), qui envoyait les jeunes Français travailler en Allemagne, vinrent grossir les rangs des maquis.
Le Vercors, visible de très loin, depuis les portes de Lyon, ressemble à une forteresse naturelle de 60 km de long sur 30 de large. Les résistants s'y sentaient à l'abri de la répression.
Dès 1941, Pierre Dalloz et son ami l'écrivain Jean Prévost eurent l'idée de transformer le massif du Vercors en « cheval de Troie pour commandos aéroportés ». Leur idée prit corps en janvier 1943 : le Vercors interviendrait au moment d'un débarquement allié attendu en Provence, et les troupes aéroportées iraient immédiatement porter le combat sur les arrières de l'ennemi. Approuvé par le général de Gaulle et les Alliés, le plan, baptisé « Plan Montagnards », fut mis en œuvre en 1943. Début 1944, une douzaine de camps rassemblaient 400 à 500 civils et militaires, souvent très jeunes, ravitaillés par une population généralement favorable, approvisionnés en armes et en médicaments par les parachutages alliés. Le 6 juin 1944, le débarquement de Normandie déclencha l'action générale. 4 000 volontaires affluèrent en renfort aux maquisards, proclamant la République début juillet 44 et faisant flotter le drapeau tricolore sur un territoire déclaré « libre ».
Le 21 juillet 1944, l'armée allemande lança 15 000 hommes

de troupe à l'assaut du Vercors. Après une semaine d'un combat acharné mais inégal, le maquis fut écrasé…
Plus de 600 résistants et une centaine d'Allemands furent tués. 201 civils furent torturés et fusillés, 41 autres déportés.

Vichy (p. 9) **:** nom donné à l'État français, établi en 1940 à la suite de la défaite.

Waffen SS **:** *SS* armés.

Yad Vashem (p. 10) **:** mémorial de la *Shoah*, créé à Jérusalem, en Israël. Yad Vashem est le plus grand centre de recherches et d'archives du monde sur la *Shoah*. Il rassemble plus de 60 millions de documents et plus de trois millions de témoignages, constituant ainsi une base de mémoire qui s'enrichit chaque jour de nouvelles contributions. Yad Vashem est un lieu d'enseignement. Yad Vashem s'efforce enfin de rechercher et d'honorer les « Justes parmi les Nations », ces non-juifs qui ont mis leur liberté ou leur vie en péril pour sauver des êtres humains juifs. Ils sont près de 20 000, de tous les pays d'Europe, dont plus de 2 000 en France.

Comité français pour Yad Vashem
64, avenue Marceau 75008 PARIS
Tél. : 01 47 20 99 57
E-mail : yadvashem.france@libertysurf.fr

Bibliographie

PAVLOFF (Franck), *Matin brun*, Cheyne, 1998. (Existe aussi en version sonore, CD Radio-France).

BURINOVIVI-HERBOMEL (Claudine), *Une enfance traquée : témoignage*, L'Improviste, Paris, 2001.

HAUSFATER-DOUÏEB (Rachel) LATYK (Olivier), *Le Petit Garçon étoile*, Casterman, Les Albums Duculot, Bruxelles, 2001.

ROTH (Maurice), *L'enfant coq*, Le Capucin, Lectoure, 2001.

REIGNIER (Stéphane), *Le Génocide*, Éditions Le Mémorial de Caen, Caen, 2002.

Le journal d'Anne Frank, Hatier, coll. Œuvres et thèmes, n° 18, Paris, 1981.

Table des matières

Préface	5
Histoire de Robert	13
Histoire de Margot	51
Histoire d'Irène	63
Histoire d'Odette et de Moussa	91
Lettre d'Agnès	99
Lettre de Catherine	117
Lettre de Rosette	127
Lettre de Judith	137
Annexes	143
Bibliographie	157

JEAN-PIERRE GUÉNO :
Paroles d'étoiles, mémoires d'enfants cachés (1939-1945),
Librio - France Bleu - France Info

JEAN-PIERRE GUÉNO - JÉRÔME PECNARD :
Paroles d'étoiles : l'album des enfants cachés (1939-1945),
Les Arènes - France Bleu - France Info

Loi 49-956 du 16 juillet 1949
Dépôt légal : 1er trimestre 2003
ISBN : 2-7459-1011-6
Imprimé en France
par Corlet, Imprimeur, S.A. - 14110 Condé-sur-Noireau
N° d'Imprimeur : 63252